Matthias Höltje

Shakespeare und Tarot

William Shakespeare gilt – sofern man jenen berühmten Namen für alle uns bekannten Veröffentlichungen tatsächlich für eine einzige und dieselbe Person (an)nehmen kann – als äußerst universalistisch in den Kosmos des Lebens eindringender Dichter. Aber es ist nicht nur das irdische Tun, welches sich in Gier, Verlangen, Ehrgeiz, Hass, Mord und anderen Abgründen bei ihm wiederfindet ... oder welches sich in der Liebe, der Sehnsucht und jener Suche nach Vervollkommnung zeigt. Da ist auch das, was den Kosmos im Innersten zusammenhält und den Menschen in seinem Schaffen und Tun seit jeher bestimmt, gewiss auch formt ... und letztlich natürlich bedingt.

Vermittels des Tarots erschließt sich ein völlig neuer Blick auf Shakespeare, denn die Jahrhunderte alten Weisheiten der Karten spiegeln sich auch in den Sonetten Shakespeares. Es ist eine postmoderne Betrachtung, ja, die Entdeckung einer gänzlich unvermuteten Dimension von Shakespeare, wenn man seine Sonette parallel mit den Wesenheiten des Tarots deutet. Der Autor und Forscher Matthias Höltje geht hier diesen Schritt beispielhaft mit 23 Sonetten und 23 Tarotkarten. Die bereits abgeschlossenen Studien von Höltje befassten sich dabei schon vollständig und systematisch mit den ersten 78 Sonetten des Gesamtzyklus und werden auch noch als eine Komplettausgabe erscheinen. Ein entscheidender Schlüssel zum Shakespeare-Verstehen und zum Lösen vieler Rätsel ist gefunden!

Matthias Höltje, geboren in Braunschweig, aufgewachsen in der Lessingstadt Wolfenbüttel, studierte an der Freien Universität in Berlin Allgemeine und Vergleichende Literaturwissenschaft und Hispanistik. Es folgte ein Lehramtsstudium mit den Fächern Deutsch und Spanisch. Neben seiner Tätigkeit im Schuldienst liegt sein langjähriger literaturwissenschaftlicher Schwerpunkt im Rahmen symbolischer Konzepte der Weltliteratur, die Aspekte der Esoterik und Metaphysik einschließen. Der Autor, der einige Jahre im Tourismus arbeitete, konnte durch zahlreiche Reisen in außereuropäische Länder seinen weltlichen und geografischen Horizont erweitern, was auch die Kenntnis fernöstlicher Kulturen und Religionen einschließt. Nebst der Tatsache, dass er selber auch als Dichter publizierte, ist er der zeitgenössischen Musik als weiterer Kunstform zugetan. Obschon in Niedersachsen geboren versteht er sich doch als Kosmopolit und fühlt sich dem kulturellen Schmelztiegel Berlin verbunden, wo er in seiner „Wahlheimat" lebt und arbeitet. Wegbereitende literaturwissenschaftliche Arbeiten zu Stéphane Mallarmé und Federico García Lorca sind von ihm in den Jahren 2000 und 2004 erschienen.

Shakespeare und Tarot

Die Sonette

von

Matthias Höltje

K|U|U|K
Verlag

Bibliografische Information der Deutschen Nationalbibliothek: Die Deutsche Nationalbibliothek erfasst diesen Buchtitel in der Deutschen Nationalbibliografie. Die bibliografischen Daten können im Internet unter http://dnb.dnb.de abgerufen werden.

Alle Rechte vorbehalten. Insbesondere das der Übersetzung, des öffentlichen Vortrags sowie der Übertragung durch Rundfunk, Fernsehen und Medien – auch einzelner Teile. Kein Teil des Werkes darf in irgendeiner Form (durch Fotografie, Mikrofilm oder andere neuartige Verfahren) ohne schriftliche Genehmigung des Autors / der Autorin bzw. des Verlages reproduziert oder unter Verwendung elektronischer Systeme verarbeitet, vervielfältigt oder verbreitet werden.

Umschlagentwurf: Copyright © Matthias Höltje. Das Shakespeare-Bild für die Collage auf dem Frontcover entstammt »Shakespeare as put forth in 1623. A Reprint of Mr. William Shakespeares Comedies, Histories, & Tragedies. Published according to the True Originall Copies.« Re-Printed for L. Booth, 307 Regent Street, London 1864. Ausgabe im Besitz von »The Library of Congress«, Washington, Vereinigte Staaten. – Copyright © Tarotbilder auf dem Buchumschlag und im Innenteil: Andreas Schröter (Aquatic Tarot® Deck. Die wunderschönen Karten finden sich auch auf www.aquatictarot.de im Internet.)

Hauptschrift: Georgia, zusätzlich noch genutzt wurden Candara, Comic Sans MS, California FB und Calibri, Lektorat: KUUUK.

ISBN 978-3-939832-67-6

Erste Auflage August 2014
KUUUK Verlag und Medien Klaus Jans
Königswinter bei Bonn
Printed in Germany (EU)
K|U|U|U|K – Der Verlag mit 3 U
www.kuuuk.com

Alle Rechte [Copyright]
© Matthias Höltje – Matthias.Hoeltje@gmx.de
© KUUUK Verlag – info@kuuuk.com

He was not of an age,
but for all time!

Ben Jonson

Über kein literarisches Werk ist
mehr Unsinn geschrieben worden.

Wystan Hugh Auden

Dieses Zitat von W. H. Auden mag bei der Reise durch
das innere und äußere Universum Shakespeares
als freundschaftliche Erinnerung dienen,
den Rahmen der obigen Würdigung
bei jeder Sicht auf die Sonette
zu bedenken.

Inhalt

Vorwort — S. 11

Leseanleitung — S. 21

Große **Arkana**   1. – 22. Sonett

| 1. Sonett | ***Der Magier*** | S. 28 |

Schöpfer und Schöpfung

| 3. Sonett | ***Die Herrscherin*** | S. 40 |

Werbung und Brautschau

| 7. Sonett | ***Der Wagen*** | S. 48 |

Held im öffentlichen Licht

| 9. Sonett | ***Der Eremit*** | S. 58 |

Freiheit und Selbstfindung

| 14. Sonett | ***Das Maß*** | S. 80 |

Engels- und Menschenblick

| 15. Sonett | ***Der Teufel*** | S. 90 |

Knecht auf Gottes Bühne

18. Sonett	**Der Mond**	S. 102
	Ein lauschiges Plätzchen	
20. Sonett	**Das Gericht**	S. 114
	Der Schatz im Himmel	
21. Sonett	**Die Welt**	S. 138
	Erdenkind und Himmelslicht	

Feuer-Sonette   23. – 36. Sonett

23. Sonett	**König der Stäbe**	
	Macht, Show und Regie	S. 150
25. Sonett	**Ritter der Stäbe**	
	Ritter im Sturm und Drang	S. 158
31. Sonett	***5 Stäbe***	
	Alles für den Sieg der Liebe	S. 166
36. Sonett	***10 Stäbe***	
	Work-out und Respekt	S. 178

Wasser-Sonette   37. – 50. Sonett

39. Sonett   **Ritter der Kelche**   S. 188
             Ein Ständchen für uns beide

42. Sonett   **2 Kelche**   S. 198
             Liebe und Verliebtheit

45. Sonett   **5 Kelche**   S. 208
             Sex und Leidenschaft

48. Sonett   **8 Kelche**   S. 216
             Loslösung und Aufbruch

Luft-Sonette   51. – 64. Sonett

50. Sonett   **König der Schwerter**   S. 228
             Auf Flügeln des Pegasus

57. Sonett   **3 Schwerter**   S. 240
             Mit Herz und Verstand

64. Sonett   **10 Schwerter**   S. 248
             Am Ende mit dem Latein

Erd-Sonette   65. – 78. Sonett

66. Sonett   **Königin der Münzen**   S. 260
              Der Hofstaat einer Königin

77. Sonett   **9 Münzen**   S. 270
              Reife Früchte der Zeit

78. Sonett   **10 Münzen**   S. 278
              Zuhause angekommen

Nachwort   S. 289

Literatur   S. 295

Vorwort

Etwas mehr als 400 Jahre sind seit dem Erscheinen der Gesamtausgabe der Sonette im Jahr 1609 vergangen. Eine ziemlich lange Zeit, mag man zunächst denken, und nichts scheint heute mehr wie ehedem. Doch die 154 wunderbaren Kleinkunstwerke haben Epochen und Wandel überdauert und finden besonders in jüngster Zeit vermehrt Interesse.

Die glücklichen Leser, die schon früher oder auch erst mit der letzten Mode in den Genuss kamen, sie kennenzulernen, lobten sie einhellig. Auch gibt es kaum eine mehr diskutierte Gedichtsammlung als den Sonettzyklus von Shakespeare. Nach Wikipedia haben sich etwa 300 Übersetzer in fast alle bekannten Sprachen an ihm versucht, im deutschsprachigen Raum soll es mehr als 80 Teilübersetzungen und über 70 Gesamtübersetzungen geben. Die letzte dem Autor im Juni 2014 bei Drucklegung bekannte „Gesamtübertragung" ins Deutsche ist die von Alexander Giese aus dem Jahr 2013.

In Bezug auf die richtige Lesart der Sonette wurden auch strittige Aspekte aufgeworfen, und an einigen entzündeten sich noch heute schwelende Debatten, im Ansatz zumeist aus der Luft gegriffen, denn in der Folge der Vorstellung der frühen Romantiker meinte man irrtümlich, den Gedichten aussagekräftige biografische Informationen entnehmen zu dürfen, um eine bislang leider noch fehlende Lücke in dem erhofften Gesamtbild des Autors ausfüllen zu können.

Gleichwohl sind die Sonette an sich, auf den ersten Blick und im Allgemeinen, gar nicht so schwer zu verstehen. Doch wir haben lediglich die Primärtexte, von der Persönlichkeit und Lebensgeschichte des großen Autors wissen wir kaum etwas und sogar die Autorschaft wird mitunter bezweifelt. Aber wir können dennoch ein wenig von den Werken auf den Urheber schließen. Wer Auszüge kennt, vermutlich zunächst die Theaterstücke, mag ihren Schöpfer erahnen. Goethe bewunderte Shakespeare, Lessing schätzte ihn, der Großteil der übrigen Dichter und Leser sicherlich auch. Dabei lobten sie die Kunst und bewunderten ihren hoch erhabenen Geist. Der „private" Mensch ist noch bis heute weitgehend oder überhaupt ein Fragezeichen geblieben. Und so müssen wir schlechterdings – ohne deswegen Schaden zu nehmen – diesen Mangel hinnehmen. Wenn wir die Sonette im Folgenden also erneut genießen und begreifen wollen, bekümmern uns nun auch am wenigsten die Pantoffeln, die Shakespeare womöglich getragen hat oder nicht. Und dies hat einen durchaus naheliegenden Grund: Werden wir nicht besonders in diesem Werk gerade mit dem Zaunpfahl darauf hingewiesen, dass zwei Dinge allein für den Autor wichtig waren: die Liebe und ihre Werke. Und für uns kommt noch ein Weiteres hinzu: der zeitlose Geist des Dichters, der mit Liebe diese Werke hervorbrachte. Diese drei Größen haben den sterblichen „Shakespeare" vier Jahrhunderte überlebt und werden zweifellos ihre zentrale menschliche Bedeutung behalten. Und auf diesem Wege werden wir Shakespeare wohl auch in Zukunft nur näherkommen können.

Wir sollten die Sonette also schon auch als Liebesgedichte verstehen. Aber sind es solche im engeren Wortsinne? Dies genau ist eine Frage der Sichtweise, und an diesem Punkt wird die eindeutige Bestimmung schwieriger, denn wir erwarten unter dieser Kategorie zumeist außerordentliche Anlässe oder den subtilen Ausdruck individueller Gefühle. Aber müssten wir uns nicht letztlich fragen, ob das, was wir mit „Liebe" in solchem Sinne bezeichnen möchten oder eher aus Gewohnheit tun, überhaupt so etwas Persönliches sein kann? Ist „Liebe" für uns nicht ein kaum noch menschlich fassbarer Begriff, der alles übersteigt, verbindet, umschließt, kurzum etwas, das gar nicht in enge, menschliche Hemden passen möchte? Wir könnten in dieser Hinsicht noch weiter philosophieren, doch haben wir ja zum Glück Shakespeares Antworten hierauf direkt vor uns liegen. Fragen wir ihn also besser gleich selbst, indem wir seine poetische Anschauung und seine hintergründigen Überlegungen zu Hilfe nehmen.

Der Leser, der die Sonette zunächst als Liebesgedichte liest oder nur überfliegt, vermeint also zumeist irgendetwas oder etwas Bestimmtes wiederzuerkennen und zu verstehen. Aber was „erkennt" er auf den Punkt gebracht? In mancher Hinsicht findet sich zweifellos ein gemeinsamer Nenner, doch allzu oft fehlen die geeigneten Begriffe. Zudem ist es so, dass verschiedene Menschen auch dann, wenn es um dieselbe Sache geht, einen anderen Standpunkt hierzu einnehmen, der am Ende durchaus entgegengesetzt sein kann. Wir sprechen dann von divergierenden Perspektiven, die sich ergeben, weil von unterschiedlichen Höhen und Himmelsrichtungen auf das geschaut wird, was vor unseren Augen liegt, und darüber hinaus persönliche Hintergründe und Erfahrungen zwischen den Zeilen gelesen werden.

Das hat einerseits mit der Sprache zu tun, andererseits mit uns selbst. Wollen wir die kleinen Lichtkristalle und deren tieferen Sinn verstehen, müssen wir unsere eigene „Person" gewissermaßen aus der Betrachtung herausnehmen. Wir benötigen einen neutralen Spiegel, von dem Licht und Schatten, die mosaikartigen Konturen und vorgesehenen Leerstellen der hier zum Optimum verdichteten Sprache, ausgehen und zurückgespiegelt werden, ohne dass durch uns selbst und mögliche Vorurteile der Blick verfälscht wird.

Als ein solcher Spiegel wird nun keineswegs zufällig ein bekannter esoterischer Parameter herangezogen werden: die Tarotkarten. Dies ist allerdings eine Koinzidenz, die in den Sonetten selbst begründet liegt, insofern die den Tarot bestimmenden Symbole als „Muse" die Sonette wesentlich inspiriert haben und daher als ihr eigentlicher Schlüssel zu verstehen sind. Diese Behauptung mag zunächst Befremden auslösen, sie soll aber im Folgenden durch begriffliche und bildliche Evidenz zweifelsfrei belegt werden.

In einem Zusammenhang mit den doch recht verbreiteten Tarotkarten wurden die Sonette noch nicht betrachtet. Aber in der heutigen Postmoderne setzen wir auf Innovationen und ungewöhnliche Begegnungen, bei denen wir Altes und Neues wertfrei mischen und synergetisch zum gemeinsamen Besten wirken lassen. Wir nutzen neben unserer Intuition auch das historisch zur Verfügung stehende Material, um es für eine erweiterte Perspektive heranzuziehen. Wir scheuen uns dabei nicht, aus scheinbar divergenten Teilen des uns bis dahin bekannten Universums Wissen, Erfahrungen und wichtige Puzzlesteine zu einem einzigen synoptischen Wurf zusammenzutragen. Wir vermuten nämlich, dass allgemeine Gesetze aus einem Lebensbereich auch in einem anderen anwendbar sein könnten oder sogar müssten, dass dieselben physikalischen Gesetze in Hongkong wie New York gelten, chemische Regeln in der Chemie und Geschichte zugleich walten müssten und nicht zuletzt auch in menschlichen Verhaltensweisen ihre Entsprechungen haben können. Einem modernen Psychologen kann es nicht mehr gleich sein, welche Horizonte in der Physik oder Biologie gerade ausgemessen werden. Die Welt globalisiert sich, und mit diesem Prozess möchte auch unser Verständnis von ihr Schritt halten. Für unser Vorhaben mag in diesem Sinne einmal über den eigenen Tellerrand zu einer anderen Sparte hinübergeschaut werden, doch dies in einer besonderen Weise, denn das, was wir für die Sonette gerne vermuten, darf auch für die Tarotkarten in Anspruch genommen werden: Ihr Sinn liegt nicht im Äußerlichen; ihre Dimension ist eine globale und zugleich innerliche. Die Tarotkarten als ein geeignetes Handwerkszeug für ein entsprechendes „inneres" Verstehen haben bislang allerdings noch nicht in die moderne Literaturwissenschaft Eingang gefunden, für die indes eine bloße Selbstgenügsamkeit als schöngeistige Philologie in einer globalisierten Welt kaum entscheidend weiterführt. So haben sogar die Sonette von Shakespeare ihr ästhetisches Dasein ohne größere Revolutionen, Stürme und Frischluft in einem durchaus edlen Warenhaus von nicht hinterfragten Allgemeinplätzen und zuweilen gedanklichen Engpässen bewahren können, gerade weil man eben nicht über das eigene Fachgebiet hinauszuschauen wusste.

Wundern Sie sich auf der nächsten Wegstrecke nicht! Nach diesen einleitenden Worten werden Sie sich einmal um sich selbst drehen müssen, um den Horizont Ihrer bis dahin gepflegten „Literatursicht" zu erweitern, in unserem Fall: ein für das nun beginnende neue Jahrtausend unzureichendes Verständnis der weltweit bewunderten Sonette und ihres berühmten Autors. Zeitgleich mit der globalen Vermarktung eines 3-D-Fernsehens und der Quantenphysik sollten Sie sich auf eine nunmehr veränderte Perspektive auf diese bunt oszillierenden Kleinkunstwerke einstellen.

Dies sei allerdings auch noch dabei erwähnt: Das für die Literaturwissenschaft bislang ziemlich Abgelegene, was in Bezug auf Shakespeare hier zum ersten Mal vorgestellt wird, ist so weit aus dem Blick der Bildungseliten und bestimmter gesellschaftlicher Kreise kaum jemals gewesen. Bei unserem *Tertium Comparationis* geht es um ein seit dem 14.–15. Jahrhundert in Teilen Europas sich schnell verbreitendes

Kartenspiel, das sich am Ende zu einem Set mit 78 Karten entwickelte.[1] Wir sollten davon ausgehen, dass es im Kreise Shakespeares wie bei vielen Gebildeten seiner Zeit recht gut bekannt, erörtert und als weltanschauliches Bildmaterial in poetische Konzepte einbezogen wurde, dabei sogar als interessantes „Gesellschaftsspiel" früherer Zeit verstanden werden darf. Im vergangenen 20. Jahrhundert hat der Tarot seit den siebziger Jahren mit dem Aufschwung der Esoterik erst weitere Verbreitung gefunden. In heutiger Praxis wird das Kartendeck insbesondere zur Klärung lebenspraktischer Fragen im Sinne der sogenannten Divination verwendet, im Weiteren auch zur Entwicklung eines symbolorientierten, transzendenten Bewusstseins und zur Meditation.

In der folgenden Skizze erscheint der mit den Tarotkarten gegebene dritte „Fixpunkt" in Ergänzung zu einem Dreieck integriert, so die Konstruktion einer „dreidimensionalen", synthetischen Perspektive nahegelegt:

Leser

Tarotkarte **Sonett**

---

[1] Die Anfänge des Tarots verlieren sich etwas im Dunkeln, später, was die Entwicklung der Ausstattung des Sets betrifft. Die zudem auch interessante Frage, welcher Tarot Shakespeare als Modell zur Verfügung stand, kann und muss an dieser Stelle zunächst gar nicht beantwortet werden, insofern das Wissen davon an den folgenden Ausführungen ohnehin nichts ändern würde.

Auf der Grundlage der systematischen Analogie von Tarotkarte und Sonett wird dieser erweiterte Reiseführer entlang der Sonette einen völlig neuartigen Blick zunächst auf eine exemplarische Auswahl aus dem ersten Teilzyklus der 154 Sonette der Gesamtkompilation präsentieren. Dieser orientiert sich in systematischer Vollständigkeit an den 78 Tarotkarten und endet dementsprechend mit dem 78. Sonett, einem Einschnitt im Gesamtwerk, der bereits aus textinterner und inhaltlicher Sicht zur Kenntnis genommen wurde. Die folgenden Sonette ab dem 79. Sonett werden dann auch unter einem anderen Horizont zu betrachten sein, was aber vorläufig nicht unser Thema ist.

Es sollte sich mit der vorgestellten Perspektive in der Folge allerdings eine Einsicht ergeben, die nichts mehr mit dem zu tun hat, was man sich bis dahin gemeinhin wie ebenso aus wissenschaftlicher Sicht vorzustellen gewagt hätte. Der Blick auf Shakespeare wird einen „Quantensprung" erleben und eine weitere Dimension erkennen lassen, mit der die Betrachtung des Autors und seines Werkes einen neuen Antrieb erhalten sollte. Für dieses „Pionierunternehmen" dürfen Sie nun, liebe Leserinnen und Leser, getrost das meiste vergessen, was Sie zu Shakespeares Sonetten bislang gelesen, gewusst oder verstanden zu haben vermeinten. Sie sollten sich aber Zeit nehmen und bereit sein, Ihre bisherige Lesart und Voreinstellung um eine Potenz zu erweitern.

Für das Verständnis der vollends systematischen Struktur des Sonettzyklus kann und muss auf die Anordnung der Quarto-Edition von 1609 zurückgegriffen werden, wobei die Diskussion sprachlicher Varianten und Uneindeutigkeiten für unsere Herangehensweise weniger bedeutsam ist. Die Übersetzungen ins Deutsche aus dem Jahr 1836 von Johann Gottlob Regis, die nur den ersten sprachlichen Zugang erleichtern oder ergänzen sollen, sind vor dem Hintergrund der zu deutenden Konzepte in keiner Weise entscheidend, wenn nicht sogar irreführend, insofern sie die symbolisch bedeutsamen Sprachelemente nicht adäquat übertragen können. Es musste aber *nolens volens* die Wahl für eine der zahlreichen Optionen getroffen werden, womit allerdings kein absolutes Werturteil verbunden ist. Sodann erscheinen die Zeichensetzung und Rechtschreibung des englischen Originals mitunter leicht verändert und es wird auf die oft nicht nachvollziehbare Verwendung von Großbuchstaben außer an den Vers-Anfängen weitestgehend verzichtet.

Es sei am Ende des Vorwortes nun nochmals explizit darauf hingewiesen, dass die Zuordnungen der einzelnen Sonette zu den Tarotkarten nicht willkürlich erfolgten, sondern dem Aufbau des Tarots selbst und damit auch dem Sonettzyklus immanent sind. So entspricht *einzig und allein* die siebte Tarotkarte dem siebten Sonett. Sie haben es zudem nur mit ausgewählten Ausschnitten zu tun; die einzelnen Sonette können und sollten noch weit besser aus ihrer spezifischen Stellung heraus und damit besonders in ihrer essenziellen und dialektischen Bezogenheit verstanden werden. Hierauf wird in dieser „einführenden" Betrachtung und Deutung der Sonette nur in Ansätzen eingegangen werden.

Bei den beigefügten Abdrucken handelt es sich um den sogenannten *Aquatic*-Tarot, im Original künstlerisch und farblich besonders ansprechende Aquarellbilder des Malers Andreas Schröter,[2] die dem bekannten *Rider-Waite*-Tarot,[3] dem verbreitetsten Tarot-Deck, verständnisvoll, intuitiv und kreativ nachgebildet sind. Die Beschriftung der Tarotkarten erscheint hier wie im ursprünglichen *Rider-Waite*-Tarot auf Englisch, was aber keine Hürde darstellen sollte. Dies gilt auch schon, insofern die symbolischen Bilder deutlich für sich selbst sprechen möchten.

---

[2] Die gesamte Reihe des *Aquatic-Tarots* findet sich im Internet unter www.aquatictarot.de. Auch weitere Informationen zu den einzelnen Karten, wie astrologische Zuordnungen und Deutungen, sind hier erhältlich.

[3] Der *Rider-Waite*-Tarot wurde unter der Anleitung von Arthur Edward Waite von der amerikanischen Bühnenbildnerin Pamela Colman Smith gestaltet und 1910 in London veröffentlicht. Beide waren Mitglieder des um die Jahrhundertwende wirkenden *Golden-Dawn*-Ordens. Neben diesem Tarot, den primär eine vollständige Bebilderung auszeichnet, gibt es in neuerer Zeit eine fast schon unüberschaubare Anzahl an völlig unterschiedlichen Tarot-Kartendecks, die sich aber zumeist auf dasselbe symbolische Grundsystem beziehen. Als erstes vollständiges Tarot-Deck mit 78 Karten wird der *Sola-Busca-Tarot* angeführt, der am Ende des 15. Jahrhunderts in Italien entstand. Er ist wie der *Rider-Waite-Tarot* bebildert, zum Teil jedoch deutlich anders.

Leseanleitung

Die Zuordnungen der Sonette zu den Tarotkarten sind also, wie gesagt und im Folgenden explizit und detailliert ersichtlich, nicht willkürlich, sondern systematisch und für die Struktur des ersten Teilzyklus der ersten 78 Sonette entscheidend.[4] Es lassen sich dem Aufbau des Tarots entsprechend inhaltlich fünf Sequenzen unterscheiden:

1. Die Sequenz der Haupttrümpfe
   1. – 22. Sonett

2. Die Sequenz der *Stab*-Karten (*Feuer*)
   23. – 36. Sonett

3. Die Sequenz der *Kelch*-Karten (*Wasser*)
   37. – 50. Sonett

4. Die Sequenz der *Schwert*-Karten (*Luft*)
   51. – 64. Sonett

5. Die Sequenz der *Münz*-Karten (*Erde*)
   65. – 78. Sonett

---

[4] Hieraus ergibt sich umgekehrt letztlich die Folgerung, dass die Quarto-Edition von 1609 tatsächlich in Bezug auf die Anordnung des ersten Teilzyklus der Sonette der Werkintention entspricht.

Wie dieser vorgegebenen Einteilung zu entnehmen ist, lassen sich deutliche Einschnitte innerhalb der Sequenz der ersten 78 Sonette ausmachen, insofern hier nämlich neben der spezifischen Bildlichkeit der Tarotkarten der Ausdruck der vier kosmischen Elemente, die uns seit der Antike überliefert sind, integriert erscheint. Diese entsprechen wiederum aus psychologischer Sicht den vier klassischen Temperamenten. So vertritt ein Sonett aus der Reihe der *Schwert*-Sonette (51.–64. Sonett) zugleich einen Aspekt des *sanguinischen* Temperaments. Wir erhalten vom Dichter also zusätzlich eine literarische Charakteristik zu den Ausdrucksformen der vier Temperamente, was zu einem weiteren Verständnis des jeweiligen Sonetts führen sollte, indem wir dieses mit einer genaueren und tieferen psychologischen Brille lesen und interpretieren können.

Entsprechend verbreiteter Überlieferung sind folgende Zuordnungen zu berücksichtigen:[5]

Feuer = *cholerisches* (männliches) Temperament
Wasser = *phlegmatisches* (weibliches) Temperament
Luft = *sanguinisches* (männliches) Temperament
Erde = *melancholisches* (weibliches) Temperament

---

[5] Der Psychologe C. G. Jung hat sich aus psychologischer Sicht mit der bekannten Lehre der vier Temperamente beschäftigt. Die hier aufgeführten Zuordnungen finden sich bei ihm, gleichwohl er selbst nicht ihr Erfinder ist.

Den einzelnen Sonetten sind von mir jeweils zwei Titel zugeteilt worden: ein lebensnaher Haupttitel sowie ein eher abstrahierender Untertitel. Beide könnten im Rahmen der vorgegebenen Symbolik nach eigenem Geschmack auch anders formuliert werden.

Die naturgemäß äußerst subjektive Kategorie „Moral und Motto" lässt sich zugleich auf Tarotkarte und Sonett beziehen. Hier erscheint – wie es die Sonette selbst in dezenterer poetischer Weise vorgeben – eine praktische Handlungsdirektive als *Minima Moralia* empfohlen, die im jeweiligen symbolischen Rahmen, entsprechend eigenen Standpunkten und Erfahrungen, ebenso anders akzentuiert und formuliert werden könnte. Aus pädagogischer Sicht ergäbe sich somit auch eine kreative, ausbaufähige und darüber hinaus sogar handlungsorientierte Folgeaufgabe.

Im Sinne einer synoptischen Vorausschau sind der Interpretation der Sonette jeweils einige Schlüsselbegriffe vorangestellt. Die Bedeutung der Tarotkarte und des entsprechenden Sonetts sind an dieser Stelle in Anlehnung an Formulierungen vorhandener Fachliteratur sowie nach meinem eigenen Verständnis zusammengefasst. Es handelt sich hierbei um eine unsystematische Abstraktion, die in einer gedanklichen Annäherung den symbolischen Gehalt über „Schnittmengen" zu erschließen versucht. Dabei können solche an sich unzureichenden „Hinweisschilder" natürlich nicht den symbolischen Kernbegriff ersetzen, insofern es sich bei den Tarotkarten ja schon um verdichtete universal-kosmische Symbole handelt, die eben hier bereits ihren bislang besten Ausdruck gefunden haben.

Für Textstellen, auf die sich die Interpretation bezieht, wird auf die Versangabe aus praktischer Sicht verzichtet. Ein solches abkürzendes Verfahren entspricht darüber hinaus dem übergeordneten, symbolischen Gehalt dieser Dichtung, der jenseits der Anekdote liegt und hinter den Zeilen besonders auf der Basis von Schlüsselbegriffen erkennbar werden sollte. Diese bilden gewissermaßen die Überstruktur und den „Schlüsselpfad" durch das Sonett.

Nach der Betrachtung der einzelnen Sonette sind nochmals die originalen englischen Schlüsselwörter mit deutscher Übersetzung aufgelistet, sodass über die Kernbegriffe auf einen Blick ein roter Faden und die bildliche Beziehung zur Tarotkarte deutlich erkennbar werden.

Abschließend soll ein kleiner Merksatz, der sich ebenso aus den englischen Schlüsselbegriffen des jeweiligen Sonetts zusammensetzt und den Sinn hinter den Zeilen kreativ querlesend auf den Punkt bringen möchte, die Erinnerung erleichtern, damit Sie bei der Erschließung der folgenden Symbolstufen nicht den Rück- und Überblick verlieren.

Lassen Sie sich nicht zu Anfang schon durch die vielleicht gewöhnungsbedürftig scheinende Herangehensweise und

Methodik irritieren! Sobald Sie diese einmal verstanden haben, sollten Sie doch eher Erleichterung erfahren. Und haben Sie erst einen Eindruck von der zurückzulegenden Wegstrecke erhalten, werden Sie die zeitsparende diagonale Lesart und Vorgehensweise auch zu schätzen wissen. Später werden Sie zudem sicher das weitgehend schon konzipierte und ergänzende Werk lesen wollen, das sich den ersten 78 Sonetten in Vollständigkeit widmen wird. Dann werden Sie in der Folge noch viel besser jedes einzelne Mosaikstück verstehen und das Gesamtgebäude der ersten Hälfte des Sonettzyklus aus seinem Innern heraus leuchtend und in vollständiger Gestalt bewundern können. Bedenken Sie daher, dass Sie mit jedem vorgelegten Puzzlestein zunächst nur einen Teilausschnitt vor sich haben!

Fühlen Sie sich also auf der bevorstehenden Reise des Geistes genauso wie Alice im Wunderland! Treten Sie in eine bezaubernde Märchenwelt ein, lassen Sie sich aber selbst als sterbliche Person draußen! Das ist der Schlüssel und der notwendige Preis, den Sie zu zahlen haben. Sie können dem universalen Geist mit ihrem freien Verstand in jene Ihnen noch unbekannte innere Welt folgen, doch Sie selbst dürfen dort in Ihrer Vergänglichkeit nicht mit eintreten, denn es würde das vor Ihnen liegende Erlebnis unmöglich machen. Unter dieser Voraussetzung aber werden Sie das offenbare Geheimnis erkennen und das verborgene Rätsel lösen. Die komplexen und subtilen Gedankenspiele in diesen Sonetten können nur bei unbestechlichem Himmelslicht von Ihrem inneren Sinn erfasst werden – und es ist letztlich Ihr eigener zeitloser Geist, der die Folge der Theaterszenen jenseits von persönlicher Betroffenheit und zugleich in der bekannten Welt spielen lässt und für Sie erneut zum Leben erweckt. Nutzen Sie dabei dennoch Ihren analysierenden Verstand und Ihre persönlichen Erfahrungen als Hilfsmittel!

Bewegen Sie sich frei und wohlwollend auf den Pfaden des vorgegebenen Spiels, geben Sie Ihre Bedenken auf! Springen Sie in das weite Meer des Bewusstseins, denn dieses ist eine Einheit, obwohl Sie zunächst vielleicht nur Teile verstehen und überblicken können! Denken Sie dabei nicht kritisch und kleinlich, sondern großzügig und universal! Das meiste wird Ihnen nach anfänglichem Befremden sowieso bald bekannt und heimisch vorkommen! Doch müssen Sie unbedingt das Fliegen lernen und dabei gleichzeitig irdische Einzelheiten erkennen und verbinden. Aber es steht Ihnen ein Jahrhunderte alter Ratgeber zur Seite und Sie werden jede Szene des kosmischen Schauspiels ausreichend erklärt bekommen. So können Sie die himmlische Aussicht über den grauen Wolken genießen und sich Zeit lassen.

Lehnen Sie sich nun zurück, entspannen Sie sich wie im Kino, setzen Sie Ihre angeborene 3-D-Brille auf! Es wird Ihnen hinter den Zeilen eine tiefsinnige, dreidimensionale Welt voller Wunder vor Augen erscheinen, die einen realen, geistigen Kosmos offenbart, sofern Sie selbst Abstraktion und Bildlichkeit zugleich im Auge zu behalten vermögen.

Aus den

Großen Arkana

Schöpfer und Schöpfung

1. Sonett *(Subjekt und Selbstbestimmung)*

From fairest creatures we desire increase,
That thereby beauty's rose might never die,
But as the riper should by time decease,
His tender heir might bear his memory;
But thou, contracted to thine own bright eyes,
Feed'st thy light's flame with self-substantial fuel,
Making a famine where abundance lies,
Thyself thy foe, to thy sweet self too cruel.
Thou that art now the world's fresh ornament
And only herald to the gaudy spring,
Within thine own bud buriest thy content,
And, tender churl, mak'st waste in niggarding.
   Pity the world, or else this glutton be,
     To eat the world's due, by the grave and thee.

Tarot

Der Magier   **1. Sonett**

Von schönsten Wesen wünschen wir Vermehrung,
Damit der Schönheit Ros' unsterblich sei,
Und, wenn das Reife stirbt durch Zeitverheerung,
Sein Bild in zarten Erben sich erneu',
Doch du, in eigner Augen Schein begnügt,
Nährst mit selbstwesentlichen Stoff dein Feuer,
Machst Hungersnot, wo Überfülle liegt,
Dir selber Feind, des holden Ichs Bedräuer!
Der jungen Tage frische Zier du
Und einz'ger Herold bunter Frühlingszeit,
Begräbst in eigner Knospe deine Ruh,
Vergeudest kargend, zarte Selbstigkeit!
   Hab Mitleid mit der Welt! Verschling aus Gier
     Ihr Pflichtteil nicht in deinem Grab und dir.

Moral und Motto
Gib deine männliche Kraft der Welt nur furchtlos hin! Doch gewähre zugleich der Schönheit neben dir einen Platz! Wie wolltest du dieser denn im ewigen Streit das Stammrecht verweigern? Sei als Herr und Schöpfer nicht grausam gegenüber deinem Ebenbild, aber auch nicht geizig mit dem wärmenden Feuer, mit dem du die Schöpfung lebendig erhältst! *Mars*, Gott des Kampfes und Idol tapferer Helden, schaffe für die Welt und dich in Ewigkeit neues Leben!

Schlüsselbegriffe
Schöpfung, Subjekt, Logos, Bewusstsein, Selbstbestimmung, Potenz, Unabhängigkeit, Meisterschaft, Potenzial, Kapazität, Initiierung, Tat, Wille.

Bedeutung

Das erste Sonett des in sich geschlossenen Zyklus der ersten 78 Sonette verkündet in einem allgemeinen Sinne die grundlegende Struktur auch der folgenden: die Beziehung von Schöpfer und Schöpfung, damit auch die zwischen Subjekt und Objekt, im Weiteren die Transzendenz von Aktion und Widerstand in der komplexen Schöpfung der Welt. Dabei ist jedem Sonett zugleich ein *dialektisches* Verhältnis mitgegeben, ein in der Gegenüberstellung sich auflösender existenzieller Antagonismus, die Begegnung der

Polaritäten und ihre höhere Einheit und Synthese aus kosmischer Sicht.

Das erste Sonett stellt zunächst den *primären* Archetyp des Menschen als „männlichen" Schöpfer der Schönheit vor – im dichterischen Kleid den Geliebten des Sprechers. Zur Manifestierung der Schöpfung, die „wir" als Menschheit insgesamt, einst geschöpfte (schöne) Existenzen und selbst schöpferische Kreaturen (*creatures*), in Ewigkeit wünschen, bedarf es allerdings zuallererst der aktiven Schöpfungskraft. Rechtfertigung und Sinn derselben zeigen sich darin, dass die Schönheit, die von ihrem Schöpfer stets neu erzeugt werden muss, niemals stirbt. Und die Vermehrung ist auch insofern notwendig, als der Mensch sich selbst im Anblick der schönsten Geschöpfe[6] gespiegelt sehen möchte:

From fairest creatures we desire increase,

Der erste Vers präsentiert einen „Superlativ" (*fairest*) und eine kollektive (*we*)[7] Aussage, die auf die zwei Begriffe

---

[6] Hiermit sind selbstverständlich „primär" die weiblichen Hälften gemeint, aber ebenso die „menschlichen" Schöpfer als vom göttlichen Schöpter geschöpfte schöne und zugleich herrliche Wesen. Der Vers mag daher durchaus doppelsinnig interpretiert werden. Symbolisch bedeutsam ist das kontrastive Erscheinen eines kollektiven *weiblichen* Plurals in Absetzung zum *männlichen* Singular, der auf das einzelne Individuum verweist.

[7] Im ersten Quartett begegnet ein kollektives „Wir" (*we*) zunächst einem singulären männlichen „Ich" (*his* 2x). Im Folgenden wird ein Du (*thou, thy, thine*) stellvertretend für ein männliches *„he"*

„*desire*" und „*increase*" zielt. Dabei geht es genauer sogar um ein „brennendes" (*flame*) Verlangen nach Vermehrung und Wachstum der „schönsten" Geschöpfe (auf Erden). Im kosmischen Rahmen des Menschen klingt zugleich der primordiale göttliche Funke an, die ewige „Ur-Flamme" (*flame*), damit das erste männliche kosmische Element: *Feuer*. Auch die Assoziation des uranfänglichen biblischen „Wortes" am Schöpfungsanfang dürfte kaum ausbleiben.

Der Mensch ist nach der Bibel als ein Spiegelbild Gottes geschaffen. Dabei ist er sowohl ein Geschöpf unter vielen (*creatures*) wie auch ein singuläres Ebenbild des Schöpfers (*self-substantial fuel*), das seine Selbstverwirklichung und persönliche Ausdehnung in der eigenen Schöpfung sucht.

Das erste Sonett vertritt das erste Symbolbild der 78 Tarotkarten: den handlungsmächtigen *Magier*. Der *Magier* ist der Schöpfer seiner „eigenen" aus göttlicher Kraft „genährten" Welt; er symbolisiert jedoch nicht nur den „schöpferischen" Menschen, sondern diesen insbesondere in seiner ursprünglichen Form als erstgeborenen Adam mit der ihm eigenen sexuellen Identität. Ferner verweist er auf das kreative „Subjekt" als eine sowohl für sich selbst stehende wie mit den kosmischen Kräften verbundene „unabhängige" göttliche Monade, auf menschlicher Ebene analog auf das selbstbewusste und aktive männliche Individuum, das als Schöpfer seiner Werke verantwortlich und meisterhaft über

---

angesprochen werden. Dieses wird dann allerdings in der Folge der Sonette später symbolisch einem weiblichen „Du" begegnen.

die vier kosmischen Elemente zu gebieten weiß. Der *Magier* ist ein in sich selbst gerundeter und geschlossener Archetyp: der göttlich bewusste und damit frei schaffende Herrscher über sich selbst und seine Schöpfung, der Sinngebung, Kraft und Mittel aus eigenen Ressourcen (*self-substantial-fuel*) bezieht. Dieser kosmische Samen und Antrieb hat seine Wurzeln in der Ewigkeit und ist originell und kreativ, insofern er praktisch eine Geburt aus sich selbst zu leisten vermag. Im höchsten, symbolischen Sinne ist dem Magier ein transzendentes Bewusstsein eigen, das polare und duale Existenzformen und damit auch geschlechtliche Gegensätze zu überschreiten vermag.

Dem Frühling (*spring, fresh, herald, bud, cruel*) sowie dem Jahresbeginn entsprechend bringt der Magier wie das schöpferische „Ur-Feuer" selbstbewusst im Licht (*bright, light*) neues Leben gleichsam aus dem Nichts zur Welt.

Die offenbare Analogie zum *Logos*, der ursprünglichen, ungeteilten göttlichen Einheit, legt dabei jedoch zugleich den Aspekt eines „eingeborenen" Schattens nahe. Die Einheit vermag sich in der Existenz nicht unreflektiert zu offenbaren und zu erhalten, ohne sich ihres existenziellen Daseins und damit Falls gewahr werden zu müssen. Der Selbstausdruck in der geschöpften Welt bedeutet auf der materiellen Ebene auch die Annahme eines existenziellen Dualismus: den von Schöpfer und Geschöpf sowie den von Mann und Frau, damit in abstrakter Hinsicht von Innen (Geist) und Außen (Form).

Vor der Berührung mit der materiellen Substanz und ihrer himmlischen Befruchtung kennt der kosmische Samen in symbolischer Hinsicht allerdings noch keine Teilung, keine zweite Existenzform. Adam als dem primären Prinzip, dem nur sich selbst kennenden und beherrschenden „Ich" auf menschlicher Ebene, soll in der Folge aber auch das weibliche Komplement, die Schönheit als gestaltete Form, gleichwertig an die Seite gestellt werden.

Tatsächlich wird die äußere weibliche „Schöpfung", das Geschöpfte, das kosmische Spiegelbild des männlichen „Schöpfers", im Weiteren ebenso ihr natürliches Recht im Schöpfungskreis und auf Erden einfordern. Auch dem neues Leben verheißenden Frühling, dem tatendurstigen, jungen Mann, wird im Jahresverlauf dialektisch am kosmischen Oppositionspunkt der in sich gekehrte Herbst folgen, dem Feindesland suchenden, feurigen *Mars* die attraktive *Venus*, die Göttin der Liebe, an die Seite treten, wenn sich die „schöne" Dame zur westlichen Tag- und Nachtgleiche der „erschöpften" Welt im Tierkreiszeichen *Waage* zu zeigen beginnt, damit symbolisch die Nacht über den Tag und die Vielen über den Einzelnen zunehmend Einfluss gewinnen.

Den „Aufstieg" oder auch „Abstieg" des Helden im Gewahrsein der ästhetischen Ansprüche der Nachtgöttin, seinen „Auf- und Untergang" vor einem dunkler werdenden weiblichen und kollektiven Hintergrund, mithin den „Untergang" der Sonne wie des Sonnenhelden, wird für uns allerdings erst später die siebte Tarotkarte und damit das siebte Sonett in den dann im Abendland „untergehenden" Horizont des Bewusstseins rücken.

Hier aber geht es zunächst und wesentlich noch um die Identität und das Debüt des bis dahin unabhängigen und ungebundenen männlichen „Ichs" auf der noch unbestellten frühen Bühne des Lebens, nicht ohne dass allerdings warnend gleichsam noch ein „modernisierter" griechischer „Renaissancechor" zu Wort käme, der die Meinung und den Willen der in den Schatten gedrängten Gemeinschaft wie das pflichtgemäße Handeln des Einzelnen und dessen Beitrag zum Erscheinen der Welt (*the world's due*) und damit des menschlichen Theaters zum Ausdruck brächte.[8]

Das erste Quartett, das den zentralen Gedanken der Fortpflanzung in den Mittelpunkt rückt, stellt also zunächst die Schöpfung aus „männlicher", aber zugleich „objektiver" Perspektive vor:[9]

<u>His</u> tender heir might bear <u>his</u> memory;

Das zweite Quartett beschreibt die Schöpferkraft nun hinsichtlich schattenhafter Tendenzen und Gefahren, die

---

[8] Auch in symbolischer Hinsicht hat die Welt gegenüber dem Einzelnen eine Pflicht so wie der Einzelne gegenüber der Welt.
[9] Obwohl in diesem Sonett das „Subjekt" im Vordergrund steht, wird es perspektivisch „objektiv" und nicht durch ein Pronomen der 1. Person reflektiert. In den beiden „Possessivpronomen" „*his*" erscheint zugleich im Chiasmus ein Aspekt des „Objektiven" im Verhältnis zum männlich-schöpferischen „Subjekt".

Unabhängigkeit und Freiheit in menschlicher Existenz mit sich bringen könnten, denn der Logos und das höhere göttliche Selbst implizieren Bild und Gegenbild, Licht und Schatten gleichermaßen:

Thyself thy foe, to thy sweet self too cruel.

Das dritte Quartett wandelt denselben Gedanken ab und expliziert weiter mit der Mahnung an den „zärtlichen Raufbold" (*tender churl*),[10] nicht im Geiz, also ungebotener Zurückhaltung, ein Verschwender der Schöpferkraft zu sein – statt ein Gebender:

And, tender churl, mak'st waste in niggarding.

Das Couplet formuliert noch deutlicher die Moral und den Schatten, der sich angesichts der Schöpfungsaufgabe und entsprechender Handlungsdirektiven zwangsläufig ebenso auftut. Dieser liegt wesentlich in dem *thee* und *thy*, dem „Du" und „Dein", noch genauer dem weiblichen „Anderen", das sich im Prozess der objektiven Gestaltung und Vermehrung an die Seite des singulären männlichen „Ichs" stellen möchte. Dabei könnte einerseits das „Ich" das „Du" in den Hintergrund drängen wie umgekehrt das „Du"

---

[10] Die paradoxe Zusammenstellung verdeutlicht das Potenzial des Gegensatzes und der Synthese: Der „grobschlächtige" Draufgänger sollte sich doch auch seiner weiblichen Hälfte und entsprechender Tugenden gewahr werden.

das „Ich" vereinnahmen. Zudem stünden sich Einzahl und Mehrzahl möglicherweise feindlich (*foe*) gegenüber.

Mit dem Symbol der „Rose" (*rose*) erscheint endlich jedoch auch schon die „Liebe" als feindliche Prinzipien im Innern und Äußeren verbindende und transzendierende Kraft im ersten Sonett eingeführt.

Damit sind aus weiterer Sicht die Grundbestandteile des gesamten Sonett-Zyklus im Kern vorgestellt: das Ich, das Du, der Schöpfer, die Schöpfung, die Analogie von Oben und Unten, Innen und Außen, Bild und Gegenbild, Licht und Schatten, Zeit und Zeitlosigkeit, das Spiel der Gegensätze und Entsprechungen: der geteilte Logos und die Liebe. Diese Strukturelemente werden in den folgenden Sonetten erneut erscheinen, von einer Vielzahl archetypischer Ideen und Situationen ummantelt, wie sie der Schöpfungsprozess einer komplexen Welt auf numerologischer Grundlage und im Spiegel der sich dialektisch entfaltenden Bewusstseinsstufen des Tarots zu entwickeln und zu präsentieren vermag.

Für die ersten zwölf Sonette des Zyklus kann darüber hinaus die Entsprechung zu den zwölf Tierkreiszeichen geltend gemacht werden. Für dieses Sonett hier liegt der Vergleich mit dem *Widder* auf der Hand, das als erstes Zeichen des Tierkreises den Frühling einleitet. Zum Frühlingsanfang erfolgt gleichnishaft der Aufruf an den erwachenden und heranwachsenden Menschen, aktiv zu werden, aus seinem jungen Leben etwas Einzigartiges und Individuelles zu *machen* und sich insbesondere mutig seines männlich-schöpferischen Selbstseins gewahr zu werden.

Das Tierkreiszeichen *Widder* vertritt besonders den mit progressivem Geist und innerem Feuer vorwärtsdrängenden dynamischen Mann, dessen hervorragende Eigenschaften Willenskraft, Furchtlosigkeit und Tatenlust sind. Indes möchten auch entsprechende Schwächen, die das Sonett anklingen lässt, nicht übersehen werden: das Potenzial an Rücksichtslosigkeit und Unachtsamkeit gegenüber der geschaffenen Welt und der diese reflektierenden Schönheit.

Zu guter Letzt sei exemplarisch einmal die anekdotische Kernaussage des ersten Sonetts alltagssprachlich sowie biblisch-unwissenschaftlich zusammengefasst:

Am Anfang war der Logos, Gott, der Schöpfergeist und das göttliche Feuer, dann Adam, der sich bis dahin nicht selbst in seiner Bedeutung reflektiert und erkannt hatte, denn bevor Eva in das göttliche Geschäft eintrat, um ihrem Mann und Schöpfer sein Spiegelbild vorzuhalten, war dieser noch ein in sich verschlossener, einzelgängerischer und bisweilen selbstverliebter Draufgänger, der, noch unwissend um seine schönere Hälfte, frühmorgens mit dem Aufgehen der Sonne und steigendem Biorhythmus voller Energie sein männliches Tagewerk zu beginnen sich anschickte. Dieses Tagewerk sollte nun im Rahmen der sich entfaltenden göttlichen Schöpfung und im Licht des Heiligen Geistes das sich zyklisch erneuernde und im höchsten Sinne schöne Erscheinungsbild der „Welt" selbst sein.[11]

---

[11] Die in den folgenden Sonetten vorgestellten Bewusstseinsstufen und Situationsmodelle werden gleichsam die Äste und Blätter dieser dialektisch sich ausbreitenden Welt thematisieren.

Schlüsselwörter

world (3x)	Welt
self (2x)	das Selbst
thine own (2x)	dein eigenes
self-substantial	selbst-vermögend
creatures	Geschöpfe, Wesen
content	Inhalt
fuel	Kraftstoff
bright	hell
light	Licht
desire	begehren
increase	Wachstum
flame	Flamme
fresh	frisch
herald	Vorbote
spring	Frühling
bud	Knospe
cruel	grausam
foe	Feind

Merksatz

Thine own self is the self-substantial fuel, the flame and content to desire the increase of thyself and the world.

Werbung und Brautschau

3. Sonett (*Wechselspiel und Befruchtung*)

Look in thy glass, and tell the face thou viewest,
Now is the time that face should form another,
Whose fresh repair if now thou not renewest,
Thou dost beguile the world, unbless some mother.
For where is she so fair whose uneared womb
Disdains the tillage of thy husbandry?
Or who is he so fond will be the tomb
Of his self-love to stop posterity?
Thou art thy mother's glass, and she in thee
Calls back the lovely April of her prime;
So thou through the windows of thine age shalt see,
Despite of wrinkles, this thy golden time.
   But if thou live rememb'red not to be,
    Die single, and thine image dies with thee.

Tarot

Die Herrscherin **3. Sonett**

Sieh in dein Glas! Zum Bild, das es dir weist,
Sprich: Bild, nun mußt du auf dein Abbild denken.
Wenn du dich jetzt auffrischend nicht erneust,
Höhnst du die Welt, wirst Mutterrechte kränken.
Denn welcher Schönen unbestellter Schoß
Verschmäht den Pflug wohl deiner Feldwirtschaft?
Wer wär' in eigner Meinung je so groß,
Der Selbstsucht Grab zu sein, der Enkel Haft?
Du, deiner Mutter Spiegel, zauberst ihr
Der Jugendtage holden Lenz herbei:
So, trotz der Runzeln auch erscheinet dir
Durch deines Alters Fenster einst dein Mai.
   Doch, lebst du nur Vergessenheit zu erben,
     Stirb einsam, und dein Bild wird mit dir sterben.

Moral und Motto
Wende dich dem Leben und der Liebe zu, die Fruchtbarkeit und Erfüllung schenkt! Glück und Schönheit zeigen sich dir im bewussten Spiel und lebendigen Spiegelbild. Alle guten Dinge sind drei. Begegne dem anderen! *Face the face*!

Schlüsselbegriffe
Befruchtung, Fruchtbarkeit, Lebensfreude, Wechselspiel, Austausch, Aktualität, Vermählung, Kreativität, Lebensfülle, Werbung, Begegnung, Dialektik, Synthese.

Bedeutung

Für dieses Sonett ist allgemein das Prinzip der Synthese bedeutsam, die durch die Zahl 3 symbolisiert wird. So ist das Gesicht (*face* 2x) die Verbindung zweier Gesichtshälften, der linken und der rechten. Die ungerade 3 präsentiert insbesondere die männlich akzentuierte[12] Begegnung, den lebendigen und bewussten Austausch, die „Vermählung" (*husbandry*)[13] der geschlechtlichen Polaritäten.

---

[12] Aus Sicht der Numerologie gelten ungerade (unsymmetrische) Zahlen als männlich, gerade (symmetrische) als weiblich.
[13] Bedeutung der Metapher wörtlich: *Ackerbau, Bewirtschaftung*. Vgl. im Bildvordergrund das fruchtbare, erntereife Getreidefeld. Die Assoziation von „*husband*" als Ehemann, damit auch „Heirat" und „Ehestand", sollten gleichwohl ebenso einbezogen werden.

Dabei sollte das „subjektive" Ideal der „objektiven" Realität entsprechen. Erst durch die Begegnung und das Wechselspiel von Subjekt und Objekt entsteht überhaupt „Bewusstsein". Der Spiegel (*glass* 2x) ermöglicht die Reflexion des Subjekts im Objektiven, die im astrologischen Zyklus dem dritten Tierkreiszeichen *Zwillinge* entspricht. Der Spiegel gibt der Person schnell und klar eine Antwort; er ist der sichere Reflektor jeder kleinen Veränderung, der nicht zuletzt aufzeigt, ob das „Subjekt" gealtert ist und wie sein Verhältnis zum Objektiven aktuell und individuell zu bestimmen ist; er fordert eine kritische Auseinandersetzung zwischen Ich und Du – als Spiegel des Ichs. Der Spiegel ist ein Sinnbild für das sich selbst reflektierende Ich, das sich in einem anderen (*another*) wiedererkennt und über sein objektives Gegenüber, sein unbewusstes Ebenbild, die ihm noch unbekannte Seite seines Selbst, zum Bewusstsein seines Selbst gelangt; er ist der Schnittpunkt der Begegnung von Subjektivität und Objektivität, Medium der bewussten Erschließung des noch Unbewussten.

Die Synopsis des Zeitverlaufs (*time* 2x) umfasst sowohl einen Blick in die Vergangenheit und deren Aufleben in der persönlichen Erinnerung (*mother* 2x)[14] als auch ein aktives Schauen und Voranschreiten in die Zukunft (*posterity*).

Das vom Einzelnen zu pflegende persönliche *Image* (*image*) ist die profane Präsentation und Reflexion der

---

[14] Vgl. Banzaf. *Schlüsselworte zum Tarot*, S. 128. Der dritten Tarotkarte wird hier als Archetyp die „Mutter" zugeordnet. Es geht damit zentral um „Empfängnis" und „Fruchtbarkeit".

Persönlichkeit oder der Idee von ihr in der Öffentlichkeit. „*Call(s) back*" ist damals wie heute (noch viel mehr) die von einer Aktualität fordernden „Werbung" präsentierte Devise der „Kommunikation" (heutzutage das Mobiltelefon). Das Gesicht (*face*) zeigt ein wesentlich „Dual-Menschliches", zudem das objektiv Individuelle, zugleich das Subjektive und Charakteristische eines „Individuums", das besonders und erst recht in der Begegnung mit einem zweiten Ich als solches markant hervortritt. Dabei gilt es, bewusst und verständnisvoll das persönlich Eigene mit dem Persönlichen des anderen (*another*) zu vermitteln, zwei menschliche Seiten oder Persönlichkeitsanteile gewissermaßen in eine chemische Reaktion zu versetzen und fruchtbringend zu integrieren, eine lebendige Mischung „zusammenzustellen", um ein gemeinsam erneutes (*renewest*) *einheitliches* Gesicht aus zwei symbiotischen Hälften zu erschaffen – sozusagen zu zwei *Zwillingen* oder einem *Zwilling* zu werden.

Der flinke Götterbote *Merkur,* der aus astrologischer Sicht im dritten Tierkreiszeichen *Zwillinge* regiert, versetzt, da er allgemein das Wissen fördert – etwa durch Bücher und Zeitschriften – und in Erwartung von Neuem „Neugierde" hervorruft, in eine „synthetische" Gegenwart im doppelten Sinne, insofern diese im „Übergang" von Vergangenheit und Zukunft liegt sowie auch wesentlich aus intellektuellen Vergleichen und luftiger Gedankensubstanz besteht.

Das aufblühende Bewusstsein des sich in einem fruchtbaren Umfeld reflektierenden Ichs ermöglicht dabei den fälligen Übergang von der Vergangenheit (*mother* 2x) in die „Jetztzeit" (*now* 2x). Indes können eine von der stets Zeitgemäßes fordernden sowie beitragenden Jugend zu erwartende, verheißungsvolle Erneuerung (*renewest*) und Erfrischung (*fresh*) nur erfolgen, wenn vordem Altes (*old*) als Stütze diente, ernährte und im zeitnahen Handel und Austausch für eine bessere Zukunft zurückgelassen wurde.

Merkur/Hermes ist der bewegliche, aber zuweilen auch betörende (*beguile*) Botschaftsträger (*tell*), ein um keine flinke und oftmals sogar freche Antwort verlegenes und angehimmeltes Idol vor allem junger Menschen, der durch günstigen Handel von Person zu Person und von Angesicht zu Angesicht auf die Schnelle eine erweiterte Sicht, Aussicht und Perspektive (*see, viewest*) zu erhaschen versucht, Althergebrachtes und Verbrauchtes abstößt, um für sich selbst Neues, Größeres und ein endlich auch üppigeres Leben einzutauschen. Der von *Jupiter/Zeus* als „Götterbote" eingesetzte androgyne Jüngling *Hermes* ist der planetare Regent über das *luftige* Tierkreiszeichen *Zwillinge*, das die miteinander verwachsene, zweigesichtige, ambivalente und oft zwiespältige menschliche Doppelnatur präsentiert.

Eine nicht durch ein „objektives" Ich reflektierte und damit auch nicht reflektierende „Selbstliebe" (*self-love*), die infolge partieller Sicht und Parteilichkeit zur Verachtung (*disdains*) des anderen führen könnte, mag auf eine bloße Anschauung der Schönheit ohne innere Anteilnahme und selbsttätig wirkende Befruchtung zurückgeführt werden. „Eitelkeit", eine weitere persönliche Schwäche, ließe sich sodann als schlaffe Selbstgenügsamkeit (*wrinkels*) ohne erneuernde und erfrischende (*fresh*) Lebenskraft, aktive Integration und lebendige Bezugsgröße vorstellen.

In einem anliegenden Sinne sind Fenster (*windows*) der Schnittpunkt zwischen einer inneren und äußeren Welt. Dabei entdeckt sich das solcherweise „offene" „Glas" (*glass*) noch in seiner weiteren Bedeutung als „Sichtmedium", als „durchsichtig", und in Ergänzung zum Spiegel als zwar an sich „farblos", gleichwohl im Positiven *unparteilich, neutral* und sogar womöglich lebendige Außensicht eröffnend.

Das engagierte Wechselspiel von Subjekt und Objekt, das Umsicht und Bewusstsein fordert, ließe sich vor diesem Hintergrund als Ziel und Ideal kommunikativer *Kreativität* verstehen, als gesteigerte Außenschau und dialektisch sich äußernde Tätigkeit, die auf fruchtbarem Boden (*mother* 2x, *womb*) innere und äußere Erfüllung verspricht, wo nicht der eigene Antrieb und ein zu befruchtendes „Umfeld" fehlen.

Als bezeichnend für eine persönliche „Hinausschau" (*another*) hin zu einem „Du" erscheint die starke Betonung der Pronomen der 2. Person Singular (*thou, thee, thine* 13x). Das hier markante Personalpronomen *she* verdeutlicht die besondere Hinwendung zu einem Femininum aus der „neutralen" und „objektiven" Sicht der 3. Person. In der Befruchtung des „neuen" mütterlichen Nährbodens übergibt sich das männliche Ich nun endlich an ein weibliches Du.

Zuletzt auch hier wieder eine Analogie mit leicht moralischem Unterton aus allbekannter Märchenwelt: *Spieglein – Spieglein an der Wand, wer ist die Schönste oder der Schönste im ganzen Land?*

Schlüsselwörter

Licht

glass (2x)/*windows*	Spiegel, Glas, Fenster
face (2x)	Gesicht
mother (2x)/*womb*	Mutter, Mutterleib
now (2x)/*time* (2x)	jetzt/Zeit, (Jetztzeit)
viewest	(du) schaust an
renewest	(du) erneuerst
husbandry	Feldbestellung, Ackerbau
image	Bild, Ebenbild
fresh	frisch

Schatten

die/s (2x)	sterben, zugrunde gehen
tomb	Grab
disdains	(sie) verachtet
wrinkles	Falten
self-love	Selbstliebe

Merksatz

It's time now that thou viewest thy face in the glass and she renews thy golden image in thy husbandry.

7. Sonett

Held im öffentlichen Licht

(Auftreten und Steuerung)

Lo, in the orient when the gracious light
Lifts up his burning head, each under eye
Doth homage to hid new-appearing sight,
Serving with looks his sacred majesty;
And having climbed the steep-up heavenly hill,
Resembling strong youth in his middle age,
Yet mortal looks adore his beauty still,
Attending on his golden pilgrimage;
But when from highmost pitch, with weary car,
Like feeble age he reeleth from the day,
The eyes, fore duteous, now converted are
From his low track and look another way:
   So thou, thyself outgoing in the noon,
   Unlooked on diest unless you get a son.

Tarot

Der Wagen   **7. Sonett**

Sieh! wenn von Osten her das Segenslicht
Sein Glanzhaupt zeigt, wie aller Augensphären
Ihm huldigen, dem kommenden Gesicht,
Mit Blicken seine heil'ge Hoheit ehren.
Und hat er auch den steilsten Himmelsplan,
Gleich rüst'ger Mitteljugend schon beschritten,
Noch beten Menschen seine Schönheit an,
Noch lauschen sie des Gottes goldnen Tritten.
Doch, wenn von höchster Höh' ermüdet dann
Tagabwärts wankt des schwachen Greises Wagen,
Gleich kehrt von seinem niedrigen Gespann
Der Blick sich weg, erst zu ihm aufgeschlagen.
   So du, um Mittag schon dir selbst entflohn,
     Stirbst unbemerkt, zeugst du dir nicht den Sohn.

Moral und Motto
Ein selbstbewusster und zuversichtlicher Aufbruch liegt an. Doch wenn der eigene Unternehmen erfolgreich verlaufen soll, will auch der persönliche Schatten bedacht sein. Voraussicht und Rücksichtnahme erscheinen notwendig, Lichtes und Dunkles sind zu integrieren. Die Steuerung des Lebenswagens fordert den Blick auf Weg und Ziel aus der eigenen Mitte heraus, dabei eine ausgewogene Einschätzung von Handlungspotenzial und Pflichten. *Mind over matter*!

Schlüsselbegriffe
Auftreten, Selbstbestimmung, Steuerung, Durchstarten, Fortschritt, Selbstbewusstsein, Öffentlichkeit, Bewusstheit, Lenkung, Entschlossenheit, Zuversicht.

Bedeutung

Die hier vorgestellte Perspektive ist insofern gerundet, als sie Beginn (*orient, new-appearing*), Höhepunkt (*noon*) und Ausklang des Tages (*low track, another way*) zugleich umfasst. Mit Blick auf den Untergang der Sonne am Horizont erscheint ein Halbkreis mit Steigung und Abfall vorstellbar, wo am Zenit (*highmost pitch*) im hellsten Licht der drohende Schatten und die einbrechende Dunkelheit gerade „sichtbar" (*sight*) sowie vorhersehbar werden und in das Bewusstsein zu integrieren sind; denn wenngleich das gleißende Licht des Helden am Gipfelpunkt aus seiner Mitte (*middle*)[15] heraus weithin strahlen mag, so herrscht auf Erden gleichsam „im Mittel" (Durchschnitt) doch eher ein graues Dämmerlicht, genauer: eine ausgewogene Mischung aus Licht und Schatten.

Zunächst erscheint der Geliebte jedoch zum jugendlich starken (*strong youth*), hell glänzenden (*golden*) Helden, ja sogar zum heiligen Pilger (*pilgrimage, sacred majesty*) stilisiert, dessen anmutiges Licht (*gracious light*) einen neuen Tag und erneuten Aufbruch (*orient, new*), einen steilen Aufstieg (*climbed, steep-up*) und endlich sogar eine himmlische (*heavenly*) Aussicht (*hill*) von erhöhter Position verspricht:

> *And having climbed the steep-up heavenly hill,*
> *Resembling strong youth in his middle age,*

Dennoch muss an den verehrten (*homage, adore*), feurigen Sonnenhelden (*his burning head*) gerade in seinen „besten" Jahren (*middle age*) die Mahnung ergehen, sich zugleich seines Schattens und seiner bevorstehenden „Heimkehr", damit der weiblichen Seite und Teilstrecke

---

[15] Das Wort „*middle*" mag als Schlüsselbegriff verstanden werden, insofern damit auf eine hier entscheidende Tugend verwiesen wird: die Forderung, zentriert zu bleiben, die eigene Mitte zu finden, in dieser zu bleiben und aus ihr heraus zu lenken.

seines sich rundenden Lebens, bewusst zu werden.[16] Auf dem höchsten Punkt (*highmost pitch*) einer nach außen gerichteten männlichen Kraftentfaltung wird es für den prächtigen Helden auf seinem himmlischen Sonnenwagen (*car, golden*) möglich wie notwendig „vorauszuschauen" (*sight*), das Alter und die aufkommende Dunkelheit zu bedenken. Eine Fortsetzung der eingeschlagenen Richtung erscheint nun kritisch und gemahnt an die Aufteilung des menschlichen Lebens in zwei „Hemisphären": Die Pflicht (*duteous*) bester Manneskraft wuchs einst aus dem Wissen um das Lebensumfeld und die eigene Rolle hierin. Am persönlichen Wendepunkt und auf dem Rückweg sollte aber die Umkehr (*converted*) des Blicks auch schon wieder hin zur Verjüngung und einem „neuen Aufstieg" erfolgen, wenn der eigene Schatten wie das höhere Ziel des Lebenserhaltes im Äußeren und Inneren erkannt werden können.

Aus psychologischer Sicht mag dies die Aufforderung nahelegen, auch einmal einen rücksichtsvollen Blick auf den eigenen Hintergrund zu werfen, den jeder im hellen Licht wirkende Held bei seinem „Siegeszug" sowohl hinter sich lassen muss als auch vor sich liegend zu bedenken hat. Die Anerkennung eines solchen scheinbaren „Paradoxons" ist für das innere und äußere Gleichgewicht und damit für das sichere, in sich zentrierte Vorankommen geradezu eine

---

[16] Der „Held" hat hier sein „Zentrum" offenbar zunächst im Kopf. Doch die einseitige Ausrichtung auf den Geist und den höchsten Punkt des Menschen lässt ein Ungleichgewicht vermuten, insofern die Aufmerksamkeit nicht ebenso nach unten gerichtet ist.

existenzielle Bedingung. Es ist nötig, den „Kopf" (*head*) auch einmal zurück und zugleich den Berg hinunter (*low track*)[17] zu wenden, das persönliche Heil und leitende Licht nicht mehr allein im erhabenen Äußeren und in der bewunderten Höhe zu suchen, sondern „alles überblickend" ebenso in der Tiefe, der Dunkelheit und auf enger Spur „vorauszusehen".

Auf dem Gipfel persönlicher Machtentfaltung kann es für das Individuum also keinen Fortschritt in die gleiche Richtung mehr geben, im kosmischen Lebenskreis sind am Wende- und Endpunkt der Expansion Reflexion und Einsicht (*converted*) gefordert, die nach erheblichen Mühen beim geleisteten Aufstieg – zumal bei einmal nachlassender Lebenskraft – einen sicheren und entspannteren „Rückweg" nahelegen, wo das eigene, ewige Licht eher im Innern und der Verjüngung und „Erneuerung" zu suchen wäre:

The eyes, fore duteous, now converted are
From his low track and look another way:

Es gilt also, die hinter sich gelassene Wegstrecke gewissermaßen auch zurückzuschreiten, wie ebenso zugleich nach vorne in die Zukunft zu schauen, nicht zuletzt, um die eigene Manneskraft in einer „Nachkommenschaft" und in der „Heimat" zu verewigen. Auch die Sonne selbst, in deren „Abglanz" sich der Sonnenheld bewegt, verlangt nämlich –

---

[17] Gleichwohl der Held mit seinem Sonnenwagen auf öffentlicher Straße im glänzenden Licht steht, sollte er auch seinen schmalen, persönlichen Weg, seinen Ursprung und Hintergrund kennen.

wie es das kosmische Gleichnis aufzeigt – einen „Sohn" (*So, son*),[18] um schließlich die Rundung des ewigen Zyklus zu ermöglichen, auf menschlicher Ebene als sozial integriertes Individuum in der Nachkommenschaft zu „überdauern":

So thou, thyself outgoing in the noon,
Unlooked on diest unless you get a son.

Erforderlich ist zudem ein Gleichgewicht zwischen der individuellen Eminenz und den ebenso (gleich)berechtigten Anforderungen der Gemeinschaft, die letztlich als Kollektiv um Vergesellschaftung und Vermehrung bemüht sein muss und die den „Menschen" insbesondere als ein relatives und politisches Wesen definiert.

Jeder kosmische Tag ist auf der Erde ein zweigeteilter, der eine doppelte Aufgabe stellt. Das bewusste „Lenken" und „Führen" des himmlischen „Wagens", vor dem Licht und Schatten eingespannt sind, fordert die Wahrnehmung beider Wegstrecken (*another way*), der rechten und der linken Seite, die Balance und Integration der weiblichen und männlichen Seelenhälften, der hellen und dunklen menschlichen Seinssphären, des individuellen und kollektiven Anteils, mit anderen Worten: die vollständige Meisterschaft über die eigene, doppelseitige Lebensführung.

---

[18] Dass das „o" in „*son*" das „u" von „*sun*" zum vollständigen Kreis optisch ergänzt, sei einmal bemerkt, insofern es den Sinn des Sonetts praktisch buchstäblich widerspiegelt. Zudem erscheint der der in sich geschlossene Vokal „o" hier außerordentlich gehäuft.

Auch bei der Meisterung des Schicksals, bei der neben herausragenden Befähigungen auch persönliche Schwächen berücksichtigt werden müssten, sind Ausgeglichenheit und Umsicht notwendig. Diese fordern mitunter beizeiten dazu auf, sich auch um das Zurückgebliebene, Vernachlässigte und Schwache zu bemühen, neben dem subjektiven Ziel auch objektiv die Gefolgschaft und das Nachfolgende im Auge zu behalten.

Insofern es sich hier um eine männlich akzentuierte Tarotkarte (7) handelt,[19] liegt dabei die Forderung nach einem Sohn (*son*) nahe, der in der Nachfolge freilich ebenso als „Sohn" der unsterblichen Sonne geehrt werden möchte.

Die Sphinx zeigt das vielseitige Gesicht des Menschen[20] und beantwortet die ewigen Fragen zu seinem Schicksal hauptsächlich aus der Perspektive von Sieg und Niederlage. Allerdings wollen wir aus heutiger Sicht eher von Licht und Schatten sprechen. Die helle Sphinx mag vom Helden nur zu gerne im Vordergrund gesehen werden, am erhofften Gipfel der Entfaltung deutet gleichwohl Einiges bereits auf seine dunkle Wegstrecke, die auf der Tarotkarte durch die schwarze Sphinx präsentiert erscheint. Die Kunst einer integrierten Lebensführung und damit des bewussten

---

[19] Die numerologische Unterteilung in männliche und weibliche Zahlen erscheint auch in den Tarotkarten und Sonetten reflektiert.
[20] Die Sphinx verweist nach gewissem astrologischen Verständnis auf die vier *fixen* Tierkreiszeichen: *Stier* (Körper), *Löwe* (Tatzen), *Skorpion/Adler* (Flügel) und *Wassermann* (Menschengesicht). Vgl. im Weiteren die Ausführungen zum 21. Sonett.

Voranschreitens besteht aber offenbar besonders darin, beide Lebensaspekte ins Gleichgewicht zu bringen und aus einer höheren Sicht zu beleuchten und zu integrieren.

Schlüsselwörter

Licht

look/looks/unlooked (4x)	schauen, unbeachtet
up (2x)	aufwärts, hinauf
eye/s (2x)	Augen
age/s (2x)	Alter, Zeitalter
heavenly	himmlisch
hill	Hügel
sacred	heilig
majesty	Majestät
golden	golden
pilgrimage	Pilgerreise
highmost	höchster
pitch	Abstand, Stand
outgoing	ausgehend
orient	Osten
new-appearing	neu erscheinend
light	Licht
car	Fahrzeug, Kraftwagen
way	Weg, Gang, Art und Weise

Schatten

mortal	sterblich
converted	umgewandelt
duteous	pflichtbewusst
low	niedrig
track	Spur
under	unter
unlooked	unbeachtet
weary	müde, abgekämpft

Merksatz

Sacred majesty!
Look up and down on your way to age
from your outgoing car
on your golden pilgrimage
to the heavenly hill and the highmost pitch!

9. Sonett

Freiheit und Selbstfindung

(Welt und Weltabkehr)

Is it for fear to wet a widow's eye
That thou consum'st thyself in single life?
Ah, if thou issueless shalt hap to die,
The world will wail thee like a makeless wife;
The world will be thy widow and still weep,
That thou no form of thee hast left behind,
When every private widow well may keep
By children's eyes her husband's shape in mind.
Look what an unthrift in the world doth spend,
Shifts but his place, for still the world enjoys it;
But beauty's waste hath in the world an end,
And kept unused, the user so destroys it:
   No love towards others in that bosom sits
     That on himself such murd'rous shame commits.

Tarot

Der Eremit   **9. Sonett**

Willst du dein Leben ehelos vergeuden,
Damit nicht eine Witwenträne fällt?
Ach! wenn du kinderlos dann müßtest scheiden,
Bangt um dich das verlaß'ne Weib: die Welt.
Die Welt wird deine Witwe sein und weinen,
Daß sie von dir kein Ebenbild behält,
Wenn jede Erdenwitw' in ihren Kleinen
Des Gatten Gleichnis sich lebendig hält.
Sieh, was ein Wüstling in der Welt verschwendet,
Vertauscht die Stätte nur, es bleibt im Brauch;
Doch in der Welt verpraßte Schönheit endet;
Und sie zerstört verbrauchend Nichtgebrauch.
   Das Herz liebt andere nicht, das solche Schmach
   Selbstmordend an sich selber üben mag.

Moral und Motto
Der Mensch ist letztendlich ein Kind der Welt. Auf dem Weg zum inneren Licht ist er mit sich allein und sollte sich selbst genug sein. Die Kristallisation eines globalen Bewusstseins im Innern reflektiert die gesamte Welt, die für den gelösten Geist eine äußerliche bleibt. In Freiheit und Unabhängigkeit gewonnene Einsichten und eine wachsende Reife können aus dem persönlichen Leben in die Welt getragen werden. Sie leuchten in sie hinein und gleichzeitig aus ihr heraus.

Schlüsselbegriffe
Horizonterweiterung, Selbstfindung, Freiheit, Loslösung, Alleinsein, Reifung, Innenschau, Unabhängigkeit, Weisheit, Wachstum, Pilgertum, Junggesellenzeit, Selbsterkenntnis, Wanderschaft, Weiterbildung, Philosophie, Religion.

Bedeutung

Die ins Auge fallenden Begriffe sind „Welt" (*world* 5x), „Witwe" (*widow* 3x) und „Alleinsein" (*single life*), die das zentrale thematische „Dreieck" bilden. Letzteres „Wortpaar" erscheint zwar nur einmal, gleichwohl ist hiermit doch die inhaltliche Mitte bezeichnet, die von den anderen beiden Begriffen aus komplementärer Sicht definiert wird. Die Achse einer polaren Anschauung wird deutlich, die sich einerseits als Orientierung an der Welt, andererseits als von höherer Macht und Tod genötigte Abkehr von dieser und dem „Ehemann" verstehen ließe (*widow*), wobei beide Ausrichtungen in Bezug auf ihre Gründe und Bedingungen ambivalent oder mehrdeutig interpretierbar erscheinen.

Das sich zunächst aufdrängende Image des typischen „Junggesellen", der entweder zu bescheiden ist oder als Hagestolz ohne Lebenspartner willentlich oder nach Schicksalsentschluss auszukommen vermag, wird mit der Warnung kommentiert, damit durch fragwürdigen Verzicht oder Eigensinn eine „mörderische Schande" (*murd'rous shame*) an sich selbst (*on himself*) zu verüben.

Allerdings erscheint zugleich die Vorstellung eines weltlich orientierten und dabei sogar verschwenderischen (*unthrift*) „Lebemannes" nahegelegt, den nicht mangelnde Entscheidungskraft oder Introvertiertheit zum Verzicht auf eine der Gesellschaft geschuldete Fortpflanzung bewegt, sondern ein mangelnder Wille zu Selbstbeschränkung und persönlicher „Ehebindung".

Dabei mag im Weiteren die Option einer doppelten Ausrichtung von äußerer Weltorientierung (Extraversion) und abstrakter Verinnerlichung (Introversion) angesichts der Vielfältigkeit, Tiefe, Weite und Komplexität der Welt als Bedingung *sine qua non* der Suche „nach sich selbst" und unverzichtbare Basis einer reifen „Beziehung zur Welt" und erfolgreicher Selbsterkenntnis im Auge behalten sein.

Es müsste darüber hinaus bedacht sein, dass sich die präsentierten Perspektiven bei Shakespeare zumeist auch gut in ihr Gegenteil umdeuten lassen, die Begriffe selbst je nach Standpunkt doppelsinnig erscheinen können. So mag also „synthetisch" formuliert werden: Es ist einerseits eine „mörderische Schande", dem Ruf der privaten „Frau Welt" nach Nachkommenschaft nicht nachkommen zu wollen oder zu können, andererseits fordert die große „Frau Welt" als anspruchsvolle Geliebte ebenso ein Kind und Spiegelbild von einem ihr entsprechenden großzügigen Liebhaber: dem weltkundigen und weit gereisten „Mann von Welt".

Hinter einer stets diaphanen Fassade an Worten könnte sodann auch zugleich gefragt werden, ob nicht von einer vereinnahmenden „Frau Welt" am Einzelnen und damit am Innenleben des „Privatmenschen" eine Schande oder sogar ein Verbrechen verübt würde, sofern sie ihr buntes, undurchschaubares wie zugleich abstraktes Bild (*issueless*) einem „Geliebten" aufdrängte, der für sich eher die Option auf eine persönliche Liebe beanspruchen wollte.

Es mag sich sodann um eine Entscheidungsfrage oder eine unterschiedliche Akzentuierung handeln: Sollte der Geliebte, der seine Schönheit und männliche Kraft in menschlich-gesellschaftlichen Verträgen hergeben soll, dem Verlangen einer unersättlichen Welt nach ständigem Genuss und einem grenzenlosen Mehr an Leben (*for still the world enjoys it*) oder umgekehrt dem „privaten" Wunsch nach persönlicher Nachkommenschaft und engerer familiärer „Innerlichkeit" nachkommen? Im ersten Fall würde die mächtige „Frau Welt" den „freiwilligen" Verzicht auf eine „private" Ehebindung (*private widow*) sicherlich begrüßen, da es ihr nicht daran gelegen sein kann, ihren „Wunsch-

Ehemann", den unabhängigen Junggesellen und geselligen Lebemann, zugunsten einer ihr „entwendeten" Bindung zu verlieren. Im zweiten Fall müsste sie also „Trauer tragen", insofern ihr Geliebter ihr gewissermaßen „gestohlen" würde.

Der Ehestand trägt zum Fortbestand der „Welt" in einem basalen Sinne allerdings auch bei. Soll der Einzelne aber um einer Ehebindung wegen auf die Fülle und Weite der Welt verzichten, sich selbst sozusagen aus ihrem Besitz „herausstehlen" oder sich von ihr „befreien" (lat. *privare* = stehlen/befreien), um so ein „befreites", der Öffentlichkeit damit in gewisser Weise „gestohlenes" privates Leben zu führen? Oder sollte er sich nicht besser der Welt in ihrer Vielfältigkeit zuwenden, was den Verzicht auf eine letztlich doch „gestohlene" Ehefrau und „eigene" Nachkommenschaft bedeuten würde, aber eben eine „Ehefrau" als übergangene, vereinsamte, aber endlich „freie" Witwe zurückließe?

Das Bild des scheinbar unabhängigen „Junggesellen" zeigt sich noch weiter oszillierend: Entspricht der Ehemann (*husband*) mehr der buhlenden „Frau Welt" oder eher der ungebundene Junggeselle (*single life*)? Eine abstrakte Antwort mag zunächst als vorläufige Erklärung dienen: Jeder Mensch verfügt – ohne bei solcher Vorstellung schon die Religion bemühen zu wollen[21] – nur über ein einziges Leben (*single life*), aber die Beziehung zur Welt und die Verteilung der Aufmerksamkeit in dem von ihr gesteckten

---

[21] Gerade die monotheistische „Religion" spricht allerdings von einem „einzigen Leben", einem „Leben in Ewigkeit", vom „Ewigen Leben" und einem „einzigen" Gott.

Rahmen bleibt doch allgemein sowie in unterschiedlichen Lebensphasen für das weltliche „Individuum" persönlich wie situationsgemäß flexibel und frei zu bestimmen.

Die hungrige Dame „Welt" stellt ihre verschiedenen Anforderungen überhaupt an jeden, an den Ehemann wie ebenso an den Junggesellen. Besonders diesen, den nur scheinbaren „Einzelgänger" als einen beliebten Entertainer, lässt sie womöglich überhaupt nicht zu sich selbst und somit zur Ruhe kommen. Dabei fordert sie alles und bietet vielleicht vieles, aber eben doch nicht alles: Ein Gut vermag sie ihm sicherlich nicht zu gewähren, denn dieses ist so unverkäuflich wie absolut: das Alleinsein und die Unabhängigkeit, ein inneres Licht der Selbsterkenntnis als Folge gereifter, persönlicher „Selbstreflexion".[22] Gleichzeitig überantwortet sie dem weniger meditativen, Gesellschaft suchenden, schweifenden und nach Leben heischenden „Single" die anspruchsvolle und schwierige Aufgabe, seiner Wunschfrau, der lebenslustigen „Frau Welt", eine für sie wie für ihn selbst typische und mitunter gefragte Erbschaft zu hinterlassen: Freiheit, Offenheit und Vielfalt.

Der ewige „Einzelgänger" mag zudem nicht nur als ein „Junggesellentypus" auftreten, sondern darüber hinaus die Vorstellung eines weitreichenden Rückzugs aus der Welt verkörpern, die im „Eremiten" zum Ausdruck kommt. Der

---

[22] Es ist symptomatisch, dass solche Formulierungen fragwürdig sind, insofern eine ausgedehnte „Selbstreflexion" eben nur nach Erfahrung und Kenntnis der Welt möglich ist, es sich also um ein Konzept handelt, das die Bedingung seines Gegenteils voraussetzt.

möglicherweise sogar recht weltkundige Eremit hat sich von der attraktiven, aber vereinnahmenden Welt abgewandt, um in seinem Inneren seine eigene transformierte oder auch „verewigte" Welt wiederzufinden, eine der bildlichen und geistigen Verdichtung. Solches wäre dann eine gereifte „Weltabkehr" zugunsten eines nur in der Negation (*no* 2x) geförderten und erreichbaren Gutes: ein von weltlichen Verpflichtungen losgelöster, abstrakter, unabhängiger Geist.

Am Ende sollten die gemeinsamen phänotypischen und genotypischen Merkmale von „Junggeselle" und „Eremit" zu verstehen sein.[23] Während der Junggeselle sein Leben auch inmitten der Welt sozial zu genießen vermag, ist der Eremit auf der Suche nach dem inneren Licht allein unterwegs, um doch wie der Junggeselle einen auch für die Welt wichtigen Wert anbieten zu können: sein im Innern gefundenes Licht. So könnte er der Gesellschaft als gereifter und endlich sogar weiser (älterer) Mann Sinn und Richtung weisen.

Die Bildelemente sind allerdings aus symbolischer Sicht austauschbar, insofern der tiefere Sinn in den Sonetten ohnehin wesentlich hinter der Oberfläche und jenseits der Anekdote zu suchen ist. Aber die hier aufgezeigten Fragen sind auch für einen Menschen, der auf der Suche nach seinem persönlichen Weltwissen ist, geradezu typisch und zugleich individuell zu akzentuieren und sollten daher auch kaum einseitig beantwortet und entschieden werden.

---

[23] *Genotyp* und *Phänotyp* sind Begriffe aus der Biologie, die sich jeweils auf eine innere bzw. äußere Übereinstimmung beziehen.

In diesem 9. Sonett liegt die symbolische Polarität zwischen Weltzugewandtheit und Weltabkehr, zwei Enden eines symbolischen Stammes aus kontrastiver Perspektive. So offenbaren sich etwa die Optionen, sich als Einzelner aus gewollter „Distanz" der Welt „zuzuwenden" oder sich von ihr als Weltbürger „abzuwenden" oder zu „distanzieren". Der zentrale Begriff „Single" erhält ein Relief erst durch sein Komplement, das als „Gesellschaft" oder „Welt" definiert werden könnte. Im symbolischen Bild erscheinen die tragenden Begriffe diaphan und paarig, insofern sich der Sinn auf einer Bedeutungsachse konstituiert, das Symbol über zwei sich spiegelnde Perspektiven bestimmt erscheint.

Die astrologische Typenlehre mag zudem erhellend sein: Die „große, weite Welt" ist für den archetypischen Charakter, der dem neunten Tierkreiszeichen *Schütze* zugeschrieben wird, sicherlich nicht als eine „persönliche" Witwe (*private widow*) vorstellbar, insofern das Denken und Handeln unter dem Einfluss des richtungsweisenden wie in der Öffentlichkeit richtenden Gottvaters *Jupiter/Zeus* ein gesellschaftsbezogenes, unpersönliches und eben nicht *privat* orientiertes ist. Die „Wunschfrau" dieses Gottes wird daher kaum einen „privaten" Tribut einfordern – lediglich im umgekehrten Sinn als Rückgabe des der Öffentlichkeit „gestohlenen" Privaten –, sondern eher einen „befreienden" politischen, religiösen oder sogar transzendenten.

Doch im Spiel der Götter wie im menschlichen Leben geht es weniger um fromme Wünsche, sondern um höhere Bestimmung, und so muss wohl die Sachlage, dass *Juno*, die

Gattin des olympischen „Übervaters", auch die Schirmherrin der Ehe ist, als kosmische Vorsehung oder himmlischer Ausgleich – oder eben „göttlicher" Fluch – begriffen werden.

Wie den „Junggesellen" zeichnen den *jovialen* Typus ein Streben nach Horizonterweiterung und Unabhängigkeit, Interessenvielfalt sowie Bewegungsdrang und Freiheitsliebe aus, die mit einer philosophischen oder sogar religiösen Disposition einhergehen.[24] Die „Ehe" nach menschlichem Verständnis und Maßstab mag hierzu einen logischen Widerspruch darstellen. Doch gilt diese Sicht nicht in gleicher Weise für den Handel und das Handeln der Götter.

Dem winterlichen *Schützen* werden Geistesbildung, Reiselust, Weltkunde sowie eine gesunde Lebensfreude zugeschrieben, die im Einzelfall vielleicht den Verzicht auf eine Ehebindung nahelegen. Welterfahrung, Freiheit und Transzendenz der Welt könnten im Reifestadium eine reflektierende und meditative Lebenspraxis fördern, die in der Folge in eine religiöse Weltsicht münden mag. Eine solche wäre dann als die Verinnerlichung und Vergeistigung eines in „lebendiger Fülle" gelebten Lebens zu verstehen.

Die grundlegende Doppelperspektive, die im dualen Tierkreiszeichen *Schütze* zum Ausdruck kommt, lässt sich

---

[24] Der planetare Herrscher über das Tierkreiszeichen *Schütze* ist der weit gereiste und in vielen Erscheinungen sich den Menschen offenbarende Gottvater *Zeus/Jupiter*, der – wie es die vielen Göttergeschichten erzählen – im notorischen Zwiespalt mit seiner Göttergattin *Juno* lag, der umgekehrt die Überwachung der Ehe anvertraut war.

also auch auf eine polare Achse mit zwei komplementären Enden zurückführen: Sie ist von hungriger Hinwendung zur Welt wie zugleich „abgeklärter" Abkehr von ihr bestimmt.

Die primäre Forderung scheint im Folgenden indes zu lauten, sich wieder der „Öffentlichkeit" zuzuwenden. Dies wird subtil mittels einer Frage suggeriert, die aus Sicht der Welt eine Feststellung und Anklage vermuten lassen könnte – etwas gemildert durch das Zugeständnis der Befähigung zu Mitgefühl und Voraussicht:

> *Is it for fear to wet a widow's eye*
> *That thou consum'st thyself in single life?*

Allerdings sei hier zuvor noch eine weitere Perspektive angeregt: Die höhere Vorsehung und ihre Dialektik könnten – nach erbrachter Leistung in der Welt – durchaus geplant haben, die eigene Familie, die persönliche Schöpfung und Nachkommenschaft einmal hinter sich zu lassen, um die verbrauchten Kräfte im Innern zu regenerieren, die sich ohne verpflichtendes Ziel und angefordertes familiäres Engagement nur nutzlos in Äußerlichkeiten „verschwenden" (*waste*) müssten. Beizeiten mag also ein sinnstiftender und erholsamer Rückzug zu sich selbst geradezu angeraten sein, vielleicht sogar, wie wir vermuten möchten, um endlich einmal auch das „eigene Kind" im Innern pflegen zu können. Neun Monate ist dabei die Zeitspanne, die von der Natur zum Austragen der menschlichen Frucht vorgesehen ist. Für diese Wachstumsperiode, dieses Kind und die Gattin ist der

Ehemann „ohne Angelegenheit" (*issueless*) gleichsam zum „Witwer" geworden, indem er für einen „Geschlechtsakt" zur Vermehrung der Art eigentlich „gestorben" sein sollte.[25]

Der Junggeselle, Ledige oder Witwer kann sich aber zu seiner Regeneration im Gegensatz zum Ehemann nicht bei der Ehefrau „entspannen". Als zwangsläufig „Unabhängiger" lebt er gleichsam im familiären „Exil", um allein nach einem leitenden Licht in der Welt und im Innern zu suchen. Dies bedeutet zunächst nicht eine gewollte, ewige „Fernreise" oder Weltflucht, sondern vielmehr, dass der vom ehelichen „Beisammensein" Abgehaltene oder Erschöpfte, im anderen Fall aber auch der gestandene Ehemann und „Ex", zunächst oder wieder zu seiner Identität und seinem Ich finden muss, um in der Folge auf die Ansprüche der „Welt" vielleicht belebt, verjüngt sowie zugleich mit größerer Einsicht, Kraft und Reife beschenkt erneut eingehen zu können. Solche schonenden „Auszeiten"[26] ließen sich durchaus auch als Phasen der Besinnung und eines zwar nicht öffentlich-amtlichen, also „privaten", gleichwohl aber doch „sozialen", horizonterweiternden „Studiums" verstehen.

---

[25] Das 9. Sonett lässt sich so auch als dialektische Antwort auf das 8. Sonett verstehen, insofern die dort aus der Familienordnung hervorgebrachte Frucht hier mit dem gewachsenen, erwachsenen oder wachsenden Kind ein anderes „weiteres" Leben verspricht.

[26] Der im Latein wurzelnde Begriff „Vakanz" mag erhellend sein. In erster Linie wird hiermit eine nicht besetzte „Leerstelle" bezeichnet. In früherer Zeit wurde der Begriff darüber hinaus im Sinne von „Ferienzeit" oder „Zeit ohne Verpflichtung" verwendet.

Der Prozess einer Emanzipation hin zu „Freiheit" und „Unabhängigkeit" muss also nicht zwangsläufig eitle Leere (*issueless*) oder selbstzerstörerische Einsamkeit (*single life*) gebären, sondern möchte vielmehr im positiven Sinne als ein vielleicht sogar „geselliges", jedenfalls aber förderliches und erhellendes „Alleinsein" verstanden werden.

Auch der „Alleinstehende" und sogar Weise hinterlässt als symbolischer Witwer eine Witwe, nur ist diese keine für sich selbst „geraubte" und personalisierte Frau, sondern in zugleich umfangreicher und abstrakter Gestalt die Welt in ihrer gesamten Fülle, von der er sich, insbesondere als ein religiöser Pilger, insofern er nach Selbsterfahrung strebt, zuweilen bewusst abwendet. Gleichwohl wird er, wenn die Phase[27] des inneren und äußeren Rückzugs, der Reifung und Selbsterkenntnis erfüllt ist, sich vermutlich auch wieder der Welt zuwenden, deren symbolischer „Gatte" er geworden ist. Er hat damit möglicherweise mehr oder Umfassenderes erkannt als jeder „gebundene" Ehemann, nämlich dass er nicht nur mit einer einzigen Frau, sondern mit der gesamten Welt und ihren zahllosen Kindern (*children's eyes*) verwandt oder „verheiratet" ist. Er ist dabei selbst vielleicht gleichsam zu einem „Kind" der Welt geworden. Eine solche Erkenntnis mag allerdings auch mit der wundervollen Erfahrung einhergehen, die eigene Kinder ihrem in der

---

[27] Die Zahl **9** verweist auf das Austragen der menschlichen Frucht zunächst im Innern, die sich sodann im Äußeren als neues Leben offenbart. Sie vertritt damit auch die Suche nach dem wachsenden eigenen Licht, das sich schließlich auch in der Welt „vermehrt".

weiten Welt verlorenen und heimatlosen, aber endlich doch „wiedergefundenen" Vater zu schenken vermögen.

Aus Sicht der klagenden „Frau Welt" wird unterdessen negativ unterstellt, dass dem Eremiten, Weltabgewandten oder Junggesellen die Liebe zu anderen fehle und er damit an sich selbst eine Schande verübe:

No love towards others in that bosom sits
That on himself such murd'rous shame commits.

Es ist allerdings auch umgekehrt für denjenigen eine Selbstbeschränkung und „mörderische" Schande, der sich selbst seiner Freiheit und Liebe beraubt, denn „freie" Liebe gedeiht nur schwerlich auf dem Boden der Abhängigkeit von anderen – oder vielen anderen zugleich. Jedoch gestattet die Welt – wie wir sie kennen – letztlich keinem, egal aus welchem guten oder schlechten Grund, sich von ihr einfach „davonzustehlen", schon insofern sie auf ihre geistigen Förderer nicht zu verzichten vermag, weder auf einen „freiheitsliebenden" Junggesellen noch einen „befreiten" Familienvater, noch weniger, wenn der von einem gereiften Weisen für sie „verschwendete" (*waste*) „Spiegel" ihr selbst zur Befruchtung, Belehrung und Selbsterkenntnis dienen könnte. Sie benötigt eben auch Studierte, Gelehrte, in ihr Bewanderte und im besten Fall auch sie weise Leitende.

Aber es sollte gleichwohl auch jeder „Geliebte" und „Liebende" das Recht und die Freiheit haben, sich beizeiten zum Wohle seiner selbst und der Gesellschaft zurückziehen zu dürfen oder in die weite Welt hinauszuziehen. Dies ist im höheren Sinne gerade keine Lieblosigkeit, vielmehr fordert die Liebe periodisch eine Ausdehnung und Neusammlung der Kräfte, die sich andernfalls selbst verzehren (*consum'st*) müssten.[28] Zudem sollte noch dem treuesten Ehemann eine das Ich und die Gattin überschreitende Liebe zur Welt, die das persönliche Bewusstsein erweitert, nicht verloren gehen, selbst wenn Freiheit, Liebe und die größere Welt am Ende auch in der Hinwendung zum eigenen Kind zu finden wären.

Besonders muss endlich doch die Liebe in paradoxer Weise im Innern und Alleinsein kultiviert werden, im eigenen Selbst reifen, bevor sie gebärend und nährend an die wandelbare und lebenshungrige Welt verschenkt werden kann, entsprechend der neun Monate dauernden Reifezeit des noch im geschützten Mutterleib geborgenen Kindes, um schließlich, wie auch dieses, neu geboren das Licht der Welt zu erblicken und ihr aus der Dunkelheit heraus ein weiteres „neues" Leben schenken zu können.

Der Einzelne sollte sich also von der Welt zurückziehen dürfen, um sie in ihrer Fülle im Geiste zu reflektieren, zu pflegen und im Innern neu zu erschaffen, um ihr am Ende lange gereifte und wertvolle Früchte schenken zu können: Selbstzufriedenheit, Selbsterkenntnis, Einsicht und Ruhe,

---

[28] Neun Monate deuten auf eine notwendige Pause, eine bereits erwähnte „Leerzeit", die zur inneren und äußeren „Fruchtbildung" nötig ist, also gerade nicht von Leerlauf und Unfruchtbarkeit bestimmt ist, sondern dem inneren und äußeren Wachstum oder auch dem Studium gewidmet sein könnte oder sollte.

mithin ein erfülltes und mit sich selbst zufriedenes Ich, das nicht um bestimmte Werte konkurrieren muss, die nur im eigenen Innern gedeihen können.

Neun Monate darf als symbolische Zeitspanne für das Heranreifen solcher „abstrahierten" Früchte verstanden werden. In dieser Zeit mag auch die Schönheit verschwendet (*waste*) erscheinen, doch vielleicht nur, wenn sie in Ewigkeit grün und unreif dastehen sollte und nicht von fruchtbarem Inhalt, Tiefe und mehr Verständnis beschenkt wäre.

Selbstverständlich hat, wie besonders diesem Sonett zu entnehmen ist, jeder Archetyp und damit jede symbolische Kernaussage der Sonette zwei Seiten. Hauptsächlich schien bislang eine Sichtweise akzentuiert: Der Geliebte möge doch sein Leben nicht im „Alleinsein" vergeuden, wie es der zweite Vers nahelegte. Das neunte Tierkreiszeichen *Schütze* vertritt einen philosophischen Typus, dem Freiheitsliebe, Welt- und Weitläufigkeit, Geselligkeit und Interessenvielfalt sowie im Negativen Übertreibung und Ausschweifung nachgesagt werden, dies aber nicht, weil er die Welt und besonders ihre weiblichen Vertreterinnen nicht genügend lieben würde, sondern vielmehr, weil er diese zuweilen übertrieben und auch verschwenderisch liebt, wie die Welt umgekehrt sein lustiges, freudiges, ungebundenes und großzügiges Wanderleben zu genießen vermag. Solcherweise führt auch im Folgenden die Bewegung vom „Konsum" des „Privaten" weg hin zur „Befreiung" in der Öffentlichkeit:

Shifts but his place, for still the world enjoys it.

Jedem Archetyp ist die Verheißung und der Schatten mitgegeben. Das Potenzial der Freiheit kann missbraucht werden, wenn sie nicht von Tugenden gestützt wird und nur entsprechende Laster zeitigt. Die Freiheit ist allerdings auch eine Notwendigkeit, um Leben und Geist in „Bewegung" zu halten. Das Maß für das persönliche Gleichgewicht ist letztlich möglicherweise auch eine Frage der Erfahrung, der Einsicht, Weitsicht sowie eines intuitiven Abwägens.

Die Zahl **9** steht in symbolischer Beziehung zu einem „Reifungsprozess" und kündigt neben geistiger Expansion auch lebendige Vermehrung an, genauer: leibliche Kinder (*children's eyes*), die infolge der eingegangenen Ehebindung und des „Einklangs" in der Familie hoffnungsvoll erwartet werden könnten, nicht zuletzt, damit das polare Spiel der Ehepartner sich nicht allein in einem „privaten" Dualismus erschöpfen müsste. Die gewachsene „Familie" mag endlich sogar als lebendiger Kern der Gesellschaft, symbolische Eingangspforte zur Welt wie auch reale Geburtsstätte jungen Lebens verstanden werden: als „Welt im Kleinen".

In weiterer Hinsicht können wir sodann eine christliche Botschaft entdecken, die das Augenmerk insbesondere auf die dritte Person der heiligen Trinität lenkt und mit ihrer notwendigen Integration auf die Freude eines glücklichen Dreieck-Spiels verweist, wo „Kinder" und „Ihresgleichen" (*by children's eyes*) als „Unschuldige" noch offen wären für die vielen „Wunder dieser Welt" gemäß: „ *... wenn Ihr nicht umkehrt und werdet wie die Kinder, so könnt Ihr das Himmelreich nicht betreten.*" (Matthäus 18.3)

Man spricht nicht umsonst von der glücklichen Neun. – Glück und reiche (insbesondere lebendige) Geschenke sind die schönsten Gaben des wohlwollenden *Jupiters*. In dem allerdings nicht für seine Treue berühmten, großmütigen olympischen Göttervater verkörpert sich anschaulich, wie soziale Verantwortung (Vaterschaft) und Spiel (Freiheit – Kindheit) zu einer lebendigen Einheit werden könnten, wenn einmal verändernde und erweiternde Lebensfaktoren berücksichtigt werden müssen. Der Fortlauf der Existenz selbst fordert eine multiple Perspektive, die über eine personale und geistige „Verjüngung" nahegelegt wird, wie sie sich besonders aus den Augen der jüngeren Generation ablesen lässt, aus einer Vielzahl von Kinderaugen (*children's eyes*),[29] die von Lebendigkeit, Unschuld und dem Wunsch nach Wachstum und neuen Erfahrungen erfüllt sind.

Wie in jedem Sonett geht es schließlich darum, zwei eher theoretische Dimensionen abzugleichen. Persönliche Erfüllung, die Glück und Selbsterkenntnis mit sich bringen, wäre einer Bewusstseinserweiterung gegenüberzustellen, die in der Ausdehnung der Liebe zu anderen (*love towards others*) läge, insbesondere jüngeren Mitgliedern (*children's eyes*) einer sich natürlich vermehrenden Gemeinschaft. – Denn wer in sich selbst sein Licht und seinen Weg gefunden hat, wie der Weise, der gereifte Junggeselle oder der gestandene Familienvater, mag sich selbst zwar weitgehend

---

[29] Das Reich des Innern, der Liebe und des Glaubens, das nur ein einziges und ewiges Leben kennt (*single life*), kann, zumal nach der Bibel, nur mit Kinderaugen betreten werden.

genügen, er könnte seine Erfahrung aber auch in leitender, humanitärer Liebe Jüngeren oder Kindern zur Verfügung stellen. Er mag so aus der Verneinung (*no* 2x) allzu einseitiger, privater Bindung im Wunsch nach persönlichem Abstand das Paradox ermöglichen, dass besonders ein der (privaten) Frau „ledig" gewordener, reifer Mensch sich nun „befreit" auch anderen Menschen „zuzuwenden" vermag, um in einem erweiterten gesellschaftlichen Rahmen mit mehr Verständnis, Sympathie und wahrem Mitleid der Welt als erfahrener „Ratgeber" zu dienen.

Dies würde eine Bewegung aus der im Innern gepflegten Liebe hin zu einer gesellschaftlichen Pluralität einleiten und Verneinung und Bejahung in einer fruchtbaren Synthese aufblühen lassen. Diese mag abstrakt jenseits des Paares in der Trinität oder real in der menschlichen Familie gesehen werden, in der sich zu Mutter und Vater noch die Kinder hinzugesellen, die die ursprüngliche Zweisamkeit lebendig entgrenzen. Der verborgene „Heilige Geist" als Dritter im Bunde mag aber auch in der Menschheit als Gesamtes von einem Pilger, der zur wahren „Religion" als Rückzugsort jenseits der „Welt" gefunden hat, zu entdecken sein.

Die komplementären Begriffe einer Bedeutungsachse, in deren Schnittpunkt das zentrale „Kompositum" *„single life"* steht, sind *world* (5x) und *widow* (3x), die mit den Anfangsbuchstaben „w" jeweils zwei „zum Himmel" hin geöffnete Dreiecke abbilden. Der Weise und Pilger wird in Hinblick auf ein „himmlisches Leben" in Ewigkeit, das aus religiöser Sicht nur ein „einziges" (*single life*) meinen kann, einmal tatsächlich oder nur im Geiste von der Welt im Blick auf ein „weiteres", höheres Leben Abschied nehmen müssen. Umgekehrt könnte die Vorstellung eines „einzigen" Lebens auf Erden in dieser Welt aber auch zu Selbstbescheidung führen, der schließlich einmal gereiften Einsicht, dass Zeit und Möglichkeiten im Irdischen jedenfalls begrenzt sind.

Während die Tarotkarte und das Sonett auf den ersten Blick also Entbehrung sowie eine Geste der Abwendung von der Welt zu verkünden scheinen, ist ihr verborgenes zweites Gesicht die Hinwendung zur Welt als Gesamtes, deren Spiegel im Innern zu „pflegen" bleibt. Der „Eremit" fordert Freiheit, Integrität und Einsicht, eine Zielsetzung, die durch eine Vielfalt von Erfahrungen vor weltlichem Hintergrund zu einer höheren Verständnisebene des Lebens führen möchte. Sich selbst genug sein, dies ist aber nur dann realistisch, wenn die Welt im eigenen Innern bereits einen Platz gefunden hat. Weder der Junggeselle noch der Weise können als „Gesellschaftswesen" ohne Welt leben. Beide sind in gleicher Weise ihre Zöglinge, Kinder weiter Räume und Zeiten. Während der Eremit die Fülle der Welt im eigenen Innern zu erfahren sucht, sie hier beherbergt und gewissermaßen auch hier ihre Frucht austrägt, erlebt der weltliche Junggeselle sie im Äußeren; beide Phänotypen sind Repräsentanten des introvertierten und extrovertierten Endes eines symbolischen Stammbaumes: der Beziehung zur Welt. Dem Eremiten mag sie als eine Witwe erscheinen, dem Junggesellen bietet sie Freiheit und Abwechslung. Während jener auf sie zurückschaut, erfährt dieser sie in der

Vorausschau auf eine belebende und und leibhaftige Fülle, die ihm mit Kinderaugen entgegenblickt, wo er selbst noch oder wieder mit „Kinderaugen" zu „schauen" vermag.

Es sollte schließlich nachvollziehbar sein, dass es für beide Untertypen, den geistigen Pilgervater im Reich Gottes sowie den jungen Wandergesellen auf Erden kaum jemals ein „Privatleben" (*private*) geben dürfte, insofern sie beide auf „ewiger" Wanderschaft unterwegs sind und sich nicht mit einer doch nur vorübergehenden und beschränkenden privaten Teilansicht der Welt zu begnügen bereit sind.

Das neunte Sonett wird mithin auch als dialektische Antwort auf das vorhergehende achte verständlich: Die harmonische Einheit (*concord*) der Vermählten (*married*) mit ihrer wechselseitigen „Ordnungszumutung" (*mutual ordering*) erscheint zugunsten eines Zugewinns an Freiheit, Reichtum an Kindern (*children*), gesellschaftlicher Pluralität (*towards others*) sowie geistig (*in mind*) erweitert. Der gestandene Ehemann (*husband's shape*), der vordem noch aufgerufen war, sich im feierlichen Akt um den Erhalt der menschlichen Art zu bemühen, mag in der Folge zum *jovialen* Patron einer großen, kinderreichen (*children*) Familiengemeinschaft aufgestiegen sein. Während sich im achten Sonett ein spezielles „*issue*" durchaus vorstellen ließ, ist dieses Sujet nun kein Thema mehr, geradezu zu einer nicht mehr „privaten" „Abstraktion" (*issueless*) geworden.

Ein verbindendes Element zwischen dem achten und neunten Sonett liegt zum einen in dem Begriff „*single*", der nun mit einem „transzendenten" Inhalt gefüllt erscheint, zum anderen ist das singuläre *child* in dialektischer Folge mit *children* zu einer Pluralität erweitert. Wir erkennen damit in der Vermehrung des Personals eine Veränderung des Signifikats sowie die Hinwendung zum „Leben" als ein vom Einzelnen zu erfüllendes, absolutes „Abstraktum" (*single life*): das Projektionsfeld eines dreifaltigen Gottes.

Schlüsselwörter

world (5x)	Welt
widow (3x)	Witwe
keep/kept (2x)	behalten, beibehalten
unused/user (2x)	ungenutzt, Nutzer
no (2x)	nein, (Verneinung)
single life	Single-Dasein, einziges Leben
mind	Verstand, Geist
issueless	ohne Nachkommen
private	nicht öffentlich, persönlich
unthrift	verschwenderisch

Merksatz

You keep your private widow's shape unused in mind and enjoy your single life as user of the world with issueless love towards others.

14. Sonett

Engels- und Menschenblick

(*Das Maß von Innen und Außen*)

Not from the stars do I my judgement pluck
And yet methinks I have astronomy,
But not to tell of good or evil luck,
Of plagues, of dearths, or seasons' quality:
Nor can I fortune to brief minutes tell,
Pointing to each his thunder, rain and wind,
Or say, with princes if it shall go well,
By oft predict that I in heaven find:
But from thine eyes my knowledge I derive,
And constant stars, in them I read such art,
As truth and beauty shall together thrive,
I from thyself to store thou wouldst convert:
   Or else of thee this I prognosticate,
     Thy end is truth's and beauty's doom and date.

Tarot
Mäßigung

14. Sonett

Nicht in den Sternen schärf' ich meinen Blick,
Und denke doch Astronom zu sein;
Nicht weil ich gutes oder Mißgeschick,
Pest, Hunger, Wittrung könnte prophezein:
Noch weiß ich auf ein Haar das Glück zu deuten,
Wann einen Donner, Wind und Regen trifft;
Der Fürsten Wohlergehn und Widrigkeiten
Les' ich nicht mühsam aus des Himmels Schrift:
Nein, deine Augen sind mein Quell der Klarheit;
Die sichern Sterne geben Kunde mir,
Daß Schönheit weiter blühen wird und Wahrheit,
Wenn du ein neu Geschlecht erweckst aus dir.
   Wo nicht, dann sag' ich dies von dir voraus:
   Mit dir stirbt Schönheit und lischt Wahrheit aus.

Moral und Motto

Mäßigung heißt, das irdische und himmlische Maß in den Handlungen und Dingen zu realisieren. Himmelssphäre und Erde, Makrokosmos und Mikrokosmos, sind in kosmischer Analogie verbunden. Zwischen Oben und Unten mildert, schärft und erweitert sich der Blick in eine Zukunft, die dem höheren Willen und dem inneren Schauen entspricht. Kosmische Zielsetzung und Vorgabe werden durch die Wertschätzung des Machbaren relativiert und ergänzt. Das Maß erscheint als eine Entsprechung von Inhalt und Form, als harmonischer Zusammenklang von Innen und Außen, Qualität und Quantität, Welt und Sternenlicht. Der innere Himmel wird als Spiegel des äußeren wahrnehmbar.

Schlüsselbegriffe

Mäßigung, Maßgabe, Synchronizität, Integration, Analogie, Harmonie, Planung, Angleichung, Alchemie, Veredelung, Lebensentwurf, Kunst, Zeitqualität.

Bedeutung

Das himmlische und menschliche Maß[30] in den Dingen und Ereignissen zu erkennen und in einer entsprechenden Lebensform zu realisieren, dies kann zunächst allgemein als ethisches Prinzip (*good and evil*) verstanden werden.

---

[30] Der Begriff „*temperance*" wird auch mit „Mäßigkeit" übersetzt.

Zudem ist die Analogie von himmlischer Vorsehung und irdischer Praxis eine existenzielle Forderung. Insbesondere wird sie von der höheren Kunst (*art*) verlangt, die in der Synthese innerer Essenzen und äußerer Formen eine perfekte Angleichung, Mischung und Integration anstrebt, die Synchronizität zwischen einer himmlischen Sicht (Engel) und ihrer irdischen Entsprechung:

But from thine eyes my knowledge I derive.[31]

Die Kunst fordert im Zusammenklang von Schönheit (*beauty* 2x) und Wahrheit (*truth* 2x) sowohl ein ästhetisches Maß wie ein moralisches Ziel. Sie spekuliert nicht naiv und unwissend mit einer abstrakten Zukunft oder zu hoch gesetzten Zielen und Erwartungen. In einer maßvoll gelebten Gegenwart wird allerdings die Vorausschau nach Maßgabe des inneren und äußeren Himmels geschärft. Das Maß der Dinge und die Qualität der Zeit sind für den esoterisch (d. h. innerlich) orientierten Künstler Konstanten einer „himmlischen" Bestimmung und ihrer Verwirklichung im gegebenen Rahmen persönlicher Ausdrucksformen und entsprechender Strukturen der vorgefundenen Realität.

Das Maß des Irdischen wird von einem regelmäßigen und aus kosmischer Sicht zweifellos harmonischen Lauf der „ewigen" Fixsterne (*constant stars*) und Planeten auf einer

---

[31] Das Ablesen des Willens des Geliebten aus dessen Augen (*from thine eyes*) verweist auf ein primär „inneres" Schauen, das sich aber im Bild der leiblichen Augen mit der Realität überschneidet.

höheren Ebene bestimmt,[32] genauer vom Schiedsspruch der planetaren Götter, die für jedes Ereignis eine bestimmte Zeit wie umgekehrt eine planetare Qualität (*quality*) für jeden beliebigen Zeitpunkt (als lineare Quantität) vorgesehen haben. Diese „Zeitqualität" nannten die Griechen in der Antike „*Kairos*" (*doom and date*).[33] Das Verhältnis von Astronomie (*astronomy*) und Astrologie entspricht dabei dem von Außen und Innen, dem von linearem Zeitverlauf und vertikal bestimmter Zeitqualität, ablesbar im Horoskop, im gegenwärtigen wie auch zukünftigen Planetenstand also, der Himmelsschrift eines jeden Momentes.

Der Mensch sollte jedoch nicht abergläubisch und blindlings versuchen, mit seiner persönlichen Bestimmung (*doom and date*) auch Glück und Unglück (*luck, fortune, plagues, dearths*) ohne menschliche Verantwortung und eigenes Zutun allein dem „sicheren", äußeren Gang der Sternengötter abzugucken und gedankenlos zu übernehmen (*pluck*). Dann würde er den Wert und das entscheidende Potenzial der führenden inneren Stimme verdrängen und missachten. Gleichwohl vermag der geschulte Astrologe den am Himmel abgebildeten Willen der Gestirne und in einem gewissen Sinne das Wohl und die Aufgabe des einzelnen

---

[32] Die Vorstellung einer „Sphärenharmonie" liegt nahe.
[33] *Kairos* ist die Qualität der Zeit, auch die Gunst der Stunde, die von den Göttern vorgesehene, himmlische Bestimmung für das irdische Dasein. Der Begriff „*doom*" sollte im neutralen Sinne dann allerdings nicht mit „Verhängnis", „Unheil" oder Ähnlichem übersetzt werden.

Menschen vorauszusehen (*predict, prognosticate*), indem er die äußeren Sterne (*stars* 2x) als im Innern qualitativ analog wirkende planetare Gottheiten versteht, die das vom Himmel vorbestimmte Schicksal gemäß Zeitpunkt und Zeitqualität anzeigen.[34]

Wahrheit (*truth* 2x) und Schönheit (*beauty* 2x) erfüllen sich gerade in der im planetaren Maß gelebten Gegenwart, in der sich die weibliche und männliche Polarität des menschlichen Lebens, die im Bild des Engels vereint erscheinen, ergänzen, ohne ihren Zusammenklang in eine leere und unbestimmte Zukunft projizieren zu müssen. Der Engel als ein „synthetisches" Wesen verweist damit also nicht lediglich auf eine höhere Seinssphäre, einen Weg zur inneren Sonne, sondern auch auf eine erfüllte Gegenwart.

Die hohe Kunst eines dem Kosmos entsprechenden harmonischen Lebens beugt sich weder menschlicher Neugierde noch einem künstlichen Bedarf an großen Worten oder außerordentlichen Ereignissen. Sie besitzt aber infolge ihres Wissens (*knowledge*) einen Sinn für das gesetzmäßige Verhältnis und Verhalten der Dinge zueinander und damit eine sichere und ausgeglichene Urteilskraft (*judgement*). Sie zeigt eine auf ein hohes Ziel ausgerichtete Übereinstimmung innerer und äußerer Werte.

Kunst und Ratschlag auf astrologischer Basis genügen allerdings nicht der billigen Neigung vieler Menschen, ihre

---

[34] Geschehnisse können vom Astrologen nur in symbolischer Form interpretiert und auf der Basis der Planetenstände analogisch prognostiziert werden.

inneren Angelegenheiten nach außen zu projizieren (*Of plagues, of dearths, or seasons' quality*) oder bei lediglich am Markt orientierten Astrologen profanen Rat zu belanglosen Fragen einzuholen; ihr Ziel ist vielmehr die Messung, Interpretation, Verinnerlichung, wesentliche Wertung und Spiegelung der am Himmel sichtbaren Außenbezüge in symbolischer Form.

Der praktische Auftrag einer „himmlischen" Kunst und des esoterischen Astrologen ist es, dem Fragesteller einen gangbaren Weg in sein Inneres, in eine Welt voller Schlüssel und Bedeutungen aufzuzeigen. Der Astrologe ist schließlich derjenige, der mit inneren Augen auf der Grundlage seines Sternenwissens und symbolischer Bezüge wahr und klar zu sehen vermag, was andere nur allzu gerne und allein in den äußeren Lichtern suchen und erkennen möchten.

In der Kunst wie auch der astrologischen Deutung geht es zu guter Letzt um eine Synthese von irdischer Gestaltung und kosmischer Harmonie, um den Schnittpunkt zwischen persönlichem Leben (*Pointing to each his thunder, rain and wind*)[35] und allgemeinen Gesetzen in einem himmlischen Bezugsrahmen (*astronomy*).

Das Maß irdischen Tuns liegt in der Mitte zwischen äußerer Bestimmung und menschlicher Maßsetzung, einem erhellenden „Oben" (*stars*) und einem im Verhältnis dazu möglicherweise dunkleren „Unten" (*plagues*, *dearths*), doch

---

[35] Die Aussage hat offenbar einen ironischen Ton. Dennoch ist das Schicksal auch jeweils ein persönliches.

schlussendlich in dem angemessenen Verhältnis zwischen Außenbezug und innerem Wissen, den äußeren Lichtern am dunklen Himmel der (astronomischen) Realität und den idealen (astrologischen) Sternen der inneren Gottheiten.

Ebenso bringt die Kunst Ordnung und persönlichen Selbstausdruck auf einen gemeinsamen Nenner. Dabei wird zugleich eine ausgewogene „Mischung" männlicher und weiblicher Polarität (*Ying* und *Yang*), wie sie der Engel maßgeblich verkörpert, in eine menschlich-übermenschliche Form eingegossen, die durch menschliche „Mäßigung" und himmlisches Maß von höherer Ebene bestimmt erscheint.

Die Astrologie ist als eine Wissenschaft nicht wesentlich nach außen gerichtet, gleichwohl sie im Außen, dem Gang der Planeten, einen sichtbaren und messbaren Bezugspunkt hat. Sie befasst sich viel mehr und eigentlich mit den Maßen göttlicher Wesen, deren Beobachtung und Bewertung ihr besonderes Ziel ist. Nach dem Gang der Planetengottheiten misst und beurteilt sie den menschlichen Wandel – wenn auch nicht in dem stereotypen, parteiischen und einfältigen Sinn, den man ihr oft aus Unverständnis vorwirft.

Letztlich geht es hier um die kosmische Analogie und Harmonie zwischen inneren und äußeren Göttern, um Zielsetzung, Planung und Gegenwartsbezug zugleich. Das engelhafte, ausgeglichene Maß liegt daher im richtigen Vermessen von himmlischer und menschlicher Sphäre.

Für die Kunst wie auch die Astrologie sind „Mäßigung", „Maß" und „Messung" gerade in Bezug auf eine kosmische Relation und Vorgabe wesentlich und maßgeblich.

Schlüsselwörter

stars (2x)	Sterne
beauty (2x)	Schönheit
truth (2x)	Wahrheit
tell (2x)	erzählen
doom	Schicksal, Verhängnis
date	Datum, Zeitpunkt
quality	Qualität
predict	voraussagen
prognosticate	prophezeien
fortune	Zufall, Los, Reichtum
luck	Glück
judgement	Urteil, Wertung
knowledge	Wissen
art	Kunst
astronomy	Astronomie
heaven	innerer Himmel
pointing[36]	hindeuten, zielen

---

[36] Der bezeichnende Begriff „*pointing*" weist auf „Zielgerichtetheit" und „Zielsetzung". Auch die Astrologie zielt gewissermaßen auf entfernte Himmelspunkte. Sie deutet damit praktisch auf einen himmlisch bestimmten „Lebensentwurf". Vgl. auch den Pfeil und den zum Licht der Sonne hinführenden Weg auf der Tarotkarte.

Merksatz

*The stars predict doom and date
pointing to beauty, knowledge, truth,
art and heaven.*

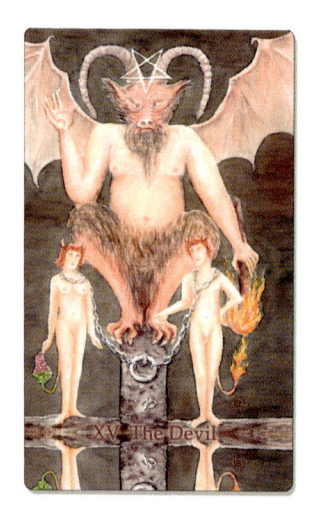

15. Sonett **Knecht auf Gottes Bühne**
(Konstruktion und Kondition)

When I consider every thing that grows
Holds in perfection but a little moment,
That this huge stage presenteth nought but shows
Whereon the stars in secret influence comment;
When I perceive that men as plants increase,
Cheered and checked even by the self-same sky;
Vaunt in their youthful sap, at height decrease,
And wear their brave state out of memory;
Then the conceit of this inconstant stay
Sets you most rich in youth before my sight,
Where wasteful time debateth with decay,
To change your day of youth to sullied night;
   And all in war with time for love of you,
   As he takes from you, I engraft you new.

Tarot

Der Teufel

15. Sonett

Bedenk' ich, alles Wachsende beharrt
Nur im Vollkommnen wenig Augenblicke,
Und daß des großen Balls Gestalten aller Art
Die Stern' umwittern mit geheimer Tücke:
Seh' ich den Menschen pflanzengleich genährt,
Wie ihn derselbe Himmel hegt und beuget,
Vollsaftig prangend, dann zurückgekehrt
Von höchster Höh', in ihm das Mark vertreuchet:
Dann führt das Bild von seiner Flüchtigkeit
Im höchsten Jugendflor dich mir vor Augen,
Wo räuberisch die trümmerfrohe Zeit
Bemüht ist deinen Tag in Nacht zu tauchen.
   Und stets im Kampfe mit der Zeit, dir treu,
     Wie sie auch von dir nimmt, pflanz' ich dich neu.

Moral und Motto
Der Mensch kann als Knecht Gottes auf Erden nicht frei und ungebunden sein. Vielfältige Verpflichtungen bestimmen seine materielle Existenz. Dabei kann er unter der Obhut des Teufels als „Widersacher" nur Vergängliches schaffen, auf das er gleichwohl bisweilen stolz zurückblicken darf. Es gilt jedoch stets, freiwillig loszulassen, sich aus den Verträgen des Antagonisten und göttlichen Antreibers rechtzeitig zu lösen, nachdem dieser seine irdische Schuldigkeit geleistet hat. Denn Gott ist mächtiger als jeder Herrscher dieser Welt.

Schlüsselbegriffe
Abhängigkeit, Verknotung, Verpflichtung, Konditionierung, Vertragswerk, Herrschaft und Knechtschaft, Materialismus, Bindung, Schuldverschreibung, Kontrolle, Konzentration, Wissenschaft, Sklaverei, Antrieb, Kristallisation.

Bedeutung

„Zeit" (*time* 2x) und „Verfall" (*decay*) bestimmen die gesamte Existenz. Überhaupt ist jedes „Ding" (*every thing*), das die Welt hervorbringt, als deren Regent und Antreiber der *Teufel* von Gott eingesetzt wurde, über seine Zeit hinaus am Ende dem Untergang geweiht – eine sich dem Sprecher aufdrängende „synoptische" Erwägung (<u>*consider*</u>). Höchste Errungenschaften wie materielle Konditionierungen, die der

Knecht Gottes besonders in Verträgen einfordert, werden im ewigen Wandel schließlich durch göttliche Schöpfungsmacht aufgelöst, verbrauchte und überholte Formen in neue (*new*) umgewandelt. Dabei ist das vom strengen „Chef der Welt" angespornte und beaufsichtigte Schöpfungswerk in letzter Instanz auch von Gott selbst gehegt und geprüft worden:

Cheered and checked even by the self-same sky.

Der *Teufel* sollte daher als ein Symbol der zeitbedingten „Bindung an die Form" verstanden werden, die der Mensch im besten Fall vorübergehend zu beherrschen vermag. Dies schließt seine eigenen Höchstleistungen (*perfection*, *at height*) wie auch die der Natur (*plants*) ein. Einhergehen mag zugleich die Erkenntnis der Vergänglichkeit alles Tuns und Wachsens (*increase*), insofern alles mit dem Verfall (*decrease*) oder der Transformation einer zeitgebundenen Form endet. Besonders mit dem Abschluss eines jeden menschlichen Werkes werden Relativität, Zeitlichkeit und Vergänglichkeit deutlich. Doch auch der „Verkauf" des ewigen Lebens an die Endlichkeit – oder umgekehrt die Auslieferung einer jeweils „perfekten", aber vergänglichen Endlichkeit an die Ewigkeit – werden beizeiten ein- und vorhersehbar und erscheinen somit vorbestimmt und bedingt.

Dabei ist der verständige, dunkle Herr ein wissender Geselle. Jedoch versteht er sich nur auf den Formaspekt kosmischen Lebens. Gegenüber der Allmacht Gottes ist er notorisch der vorbestimmte Verlierer, denn seine Herrschaft ist auf Verträge beschränkt und die Bedingungen sind ihm vom höchsten Schöpfer diktiert; er kann seinem Wesen und Auftrag entsprechend nur für eine definierte Zeit Gewinner und somit Tyrann sein, nämlich, solange eine bestimmte Form Bestand hat. Doch erfüllt er eine wichtige Funktion in der Planung und Konstruktion des Weltengemäuers; er ist als Knecht des Herrn gleichzeitig die Bedingung und rechte Hand für die Entfaltung des göttlichen Plans.

Das „unzeitgemäße" Klammern des Menschen an eine vergängliche Formwelt gebiert indes zwangsläufig Leid – es ist gleichnishaft und religiös gesprochen sein Fall aus dem geistigen Licht in die materielle Dunkelheit (*sullied night*) – seine Sünde. Auch der Teufel *Luzifer* ist, wie es die Bibel berichtet, ein gefallener Engel. Mit seinen nur in der Nacht sichtbaren und nützlichen Flügeln (s. Tarotkarte) herrscht er in der Schein- und Schattenwelt über temporären Aufstieg, äußeren Erfolg und Misserfolg.

Im Positiven wirkt er fraglos zugleich als Förderer des Wissens und wissenschaftlicher Erkenntnisse, die sich aber zumeist nur auf vergängliche Erscheinungen (*shows*) beziehen. Doch reicht seine Kenntnis mitunter sogar in die höhere, geheime (*secret*), esoterische Sphäre hinein, die für die Mehrheit der Menschen allerdings auch eine „dunkle" ist, da ihr irdischer Blick die Schattenwelt noch nicht in ihrem Wesen durchdrungen und begriffen (*perceive*) hat:

Whereon the stars in secret influence comment;

Dabei sollte die Funktion des Teufels als „Leitfigur" äußerer menschlicher Erfahrungen schließlich hin zu einem (geheimen) „esoterischen" Wissen als eine durchaus positive Bestimmung und hoheitsvolle Aufgabe verstanden werden.

In Folge der Einsicht jedoch, dass keine Form und Struktur in Ewigkeit Bestand hat, und mit der Perspektive auf eine über den „Teufel" hinaus wirkende Instanz, kann der Mensch sich aus der Knechtschaft lösen, in welcher der dunkle Diener Gottes und strenge Herrscher der Nacht das menschliche Paar, die männlich-weibliche Polarität, eine vorbestimmte Zeit in einer im Rahmen notwendigen und zweckorientierten Abhängigkeit zu fesseln vermag.

Die „schöpferische" Funktion des Teufels als Antreiber zu realer Manifestation wie Motiv zu Veränderung und weiterer Erfahrung (Mephisto) mag insbesondere bedacht sein. So ist der „gefallene Engel" wie auch der Mensch ein im Auftrag des Herrn durchaus „schaffender", höherer Sklave. Dabei ist die „Zeit" für existenzielle Widersprüche, Kämpfe wie grausame Kriege, mithin alles Vergängliche, letztlich in paradoxer Weise und im doppelt wirkenden Sinne zugleich Bedingung und Ursache, Befreiung und Lösung:

And all in war with time for love of you,

Denn besonders Gott, der höchste Herr, wie ebenso die unsterbliche Seele, wünschen sich ewiglich neue Formen, um sie endlich, wenn die Zeit ihrer Vollendung gekommen ist, im Ansinnen und mit dem Gleichmut göttlicher Allmacht wieder zu zerstören, um schließlich zyklisch Neues auf dem Boden der Natur erschaffen zu können:

As he takes from you, I engraft you new.[37]

Der positive Aspekt des bewegenden und Entwicklung fordernden und fördernden „Widersachers" ist somit die schöpferische Formgebung, die „Anleitung" zu objektiver Gestaltung, der negative die schmerzende „Versklavung" seiner „Untertanen" an die bedingte und bedingende materielle Welt. Aus existenzieller und psychologischer Perspektive mag es als eine in der Schwerkraft gründende Schwäche interpretiert werden, wenn der Mensch sich nicht rechtzeitig und freiwillig seinerseits aus einer zeitweilig durchaus gewünschten Bindung wieder zu lösen vermag.

Im neutralen Sinne erscheint der „Teufel" als Symbol für das Zusammenwirken des männlichen und weiblichen Schöpfungsaspektes, ihrer notwendigen Kooperation und zwangsläufigen Abhängigkeit voneinander, insbesondere als vorbestimmte „Verknotung" von Form und Motiv.

---

[37] Insgesamt ambivalent zu verstehen: Zum einen baut der Teufel in der Illusion eigener Vollmacht auf, was später von Gott und im Lauf der Zeit ohnehin aufgelöst wird, aus anderer Sicht zerstört der Teufel eigensinnig aufgrund unangemessener Identifikation Werke, die von den Menschen und damit von Gott errichtet oder geplant wurden. Das zur Schöpfung aufgerufene, rebellische „Ich", das dunkle „Ego", ist im Licht Gottes wohl nur ein armer „Teufel", der allerdings mit gutem Recht gegen das leere Nichts aufbegehrt.

Als *perfekt* vermag eine vergängliche Erscheinung des himmlischen Schauspiels zumeist nur für eine kurze Zeit mit Zufriedenheit „betrachtet" werden. Auf dem riesigen „Welttheater" (*huge stage*), das wir aus Goethes *Faust* kennen, sind die Auftritte der Protagonisten kaum mehr als eine vorübergehende Bühnenshow (*show*). Der Teufel selbst hat vor Gott nur einen kurzen Auftritt, um danach als Herrscher über die Menschen und Diener des Herrn seine Pflicht zu erfüllen und am Ende seinen geschuldeten Abgang als „ausgedienter Tyrann" in einem der außergewöhnlichen, göttlichen Momente einzuleiten, in dem der Mensch einmal über sich selbst, seine Verknechtung, den „Teufel" und seine bedingte Schöpfung mit göttlichen Augen hinauszusehen und im himmlischen Licht zu erkennen vermag.

Eine angesichts der Vergänglichkeit mitunter erlaubte Betrachtung der Schöpfung (... *when I consider*) sollte dabei die Wandlung im Auge behalten und dem Fortschritt und „Neuem" – *new* ist hier das Schlusswort – weichen. Dies lehrt uns auch der Pakt des Dr. Faust mit dem Teufel. Es ist nach Goethes Drama eine diskutierte Frage, wer gemäß dem geschlossenen „Vertrag" am Ende den Pakt gewinnt. Wir dürfen hoffen, dass Gott und der in seinem Licht tätige Mensch jenseits der Verträge des Teufels zu „schauen" vermögen, doch aus Sicht des gefallenen Engels, des im Dunklen wirkenden Menschen, der materiellen Welt und ihrer zeitlichen Fesseln werden die bedingten Flügel des Teufels wohl zumeist näher liegen und besser zu ergreifen sein als ein himmlischer Moment im Angesicht der Ewigkeit.

Aus unserer Perspektive sollte der Teufel aber eher als ein hilfreicher Diener denn als bösartiger Tyrann verstanden werden, sofern er vom menschlichen Bewusstsein, das am göttlichen Anteil hat, „durchschaut" (*perceive*) und für seine Ziele eingespannt werden kann. Des Teufels Machwerke, die durchaus zu beherrschen sind, so bestimmend, bindend, ja perfekt, sie zeitweilig auch erscheinen mögen, werden darüber hinaus ohnehin von Gottes höherer Macht einmal doch zwangsläufig zerstört werden, was allerdings für die meisten menschlichen Werke dann ebenso gelten dürfte.

Gleichwohl ist dieser professionelle Antreiber auch der verborgene (*secret*) Motor der Welt, indem er insbesondere das menschliche Paar unablässig zu neuer Leistung, der Verlängerung von Verträgen und weiterer Erkenntnis mit Einverständnis Gottes zuweilen herrisch und tyrannisch verpflichtet. Das dunkle „Teufelsgesicht" erscheint indes deutlich und typisch nur, sofern keine höhere „Prüfung" und „Genehmigung" zugrunde liegen und hinter dem Wirken des Widersachers nicht mehr das göttliche durchscheinen sollte.

Zeit (*time* 2x) und Verfall (*decay*) sind auch wesentliche Werkzeuge des Handlangers Gottes. Sie zeichnen besonders die Welt und ihre internen Verträge und Verpflichtungen aus. Doch als Mittel göttlicher Vorsehung bestimmen sie zugleich den ewigen Schöpfungsprozess, um die Untertanen umgekehrt wieder aus ihren Verträgen zu lösen, die allein dem Zweck dienten, sie „in Knechtschaft" an eine bestimmte Form gebunden zu halten, um im Irdischen ihre Seele zu „verdichten" und gleichsam zu „schmieden". Dabei mag der

Mensch als armer Teufel in der „Illusion" befangen, selbst ein Schöpfer sein zu können, für einen Moment sogar sein vermeintlich eigenes „Werk" wie vielleicht einst Faust stolz in Augenschein nehmen und dabei aus gelehrter Erfahrung zugleich realistisch und weise sprechen:

> *When I consider every thing that grows*
> *Holds in perfection but a little moment,*

In irdischen Wachstumsprozessen (*grow, increase*) wird es zyklisch vorhersehbar stets auch Zeitabschnitte der Reife und Vollendung geben (*at height*), denen der greise und knöchrige Gott der Zeit *Chronos/Saturn* voransteht. Aber um diese Höhen der „Perfektion" einmal zu erreichen, müssen die Lebenskräfte zunächst ohne Unterlass jungen Saft (*youthful sap*) produzieren. Dabei sollte es auch nicht verwundern, wenn der Gott des Alters, der Einsicht und der Reife[38] zuweilen neidisch auf die Jugend (*youth/youthful* 3x) schaut, die ihm an Kraft naturgemäß stets voraus ist.

Die geheime (*secret*) „Verbindung" und „Anbindung" von Mann und Frau unter der Aufsicht des „Kupplers" verweist auf die Interdependenz der Polaritäten, die

---

[38] Aus esoterischer und astrologischer Sicht liegt hinsichtlich der Symbolik der Verweis auf den Gott *Saturn* nahe, der ebenso wie der Teufel zwei Gesichter hat (Janusgesicht), eines der Dunkelheit zugewandt, dem alten Jahr, eines dem Licht und dem neuen Jahr. Wie der *Steinbock*, in dem der greise und knöchrige Gott der Zeit zum Jahreswechsel herrscht, hat auch der Teufel zwei Hörner.

„zusammengekettet" und bedingt im Schöpfungsprozess als „Kraft" und „Form" neue Gestaltungen „hervorbringen".

Das Konzept der „Zusammenführung" und „Bindung", negativ interpretierbar als „Versklavung", erscheint in den Begriffen <u>con</u>sider und <u>con</u>ceit.[39] Weiter weisen e*very thing*, *perfection* und *huge stage* auf die Materialität, mögliche Meisterschaft und konstruktive Rolle des „Weltenbauers" auf einer größeren Bühne. Die positive Vorstellung der Pflege, Prüfung und Endabnahme des perfekten „Werkes" spiegelt sich in *cheered and checked*, die buchstäblich in den sich ergänzenden „c" einen Kreis abbilden. In Anbetracht der vielen Hindernisse, der natürlichen Trägheit sowie des unablässig notwendigen Ansporns und der fachmännischen Kontrolle erscheint sodann der „Dünkel" (*conceit*) des am Ende doch noch oder auch nur „gemachten" „Herrn" auf der Bühne des „Zeitlichen" durchaus menschlich.

Der „Edelmann der Nacht" (*night*) trägt im Gepäck im profanen „diabolischen" Sinne letztlich Konditionierungen, Automatismen und Fehlidentifikationen, wie sie auf großer Weltenbühne in größenwahnsinniger und „teuflischster" Form in Kriegen (*war*) zum Ausdruck kommen.

Als ehrbaren Lehrer könnten wir den „Teufel" schätzen, sofern durch ihn dort Licht in die Dunkelheit gebracht und eine tiefere Einsicht in die Bedingungen des Zeitlichen erlangt wurden, wo es in der Welt sonst doch nur um „jede Sache" (*every thing*) oder das leere „Nichts" (*nought*) geht.

---

[39] Die lateinische Vorsilbe *con* bedeutet „zusammen" und „mit".

Schlüsselwörter

time (2x)	Zeit
consider	bedenken, betrachten
conceit	Dünkel, Einbildung
decay	Verfall
perfection	Vollendung
at height	am Höhepunkt
cheered	angespornt
checked	geprüft
perceive	durchdringen, verstehen
every thing	jedes Ding, alles
nought	Nichts
sullied	befleckt
night	Nacht
war	Krieg

Merksatz

*When I perceive that which is cheered and checked
by the self-same sky and in war with time,
I consider with conceit the nought,
perfection, decay and everything that grows
in the sullied night on the huge stage.*

18. Sonett

Ein lauschiges Plätzchen

(Traum, Schatten und Eros)

Shall I compare thee to a summer's day?
Thou art more lovely and more temperate:
Rough winds do shake the darling buds of May
And summer's lease hath all too short a date:
Sometimes too hot the eye of heaven shines,
And often is his gold complexion dimmed;
And every fair from fair sometime declines,
By chance, or nature's changing course untrimmed;
But thy eternal summer shall not fade,
Nor lose possession of that fair thou ow'st;
Nor shall death brag thou wand'rest in his shade
When in eternal lines to time thou grow'st
   So long as men can breathe, or eyes can see,
   So long lives this, and this gives life to thee.

Tarot

Der Mond

18. Sonett

Soll ich dich einem Sommertag vergleichen?
Anmutiger, gemäßigter bist du.
Des Maies Lieblinge jagt Sturmwind von den Zweigen,
Und nur zu früh gehen Sommers Pforten zu.
Bald scheint zu heiß des Himmels Auge, bald
Umdunkelt sich sein goldner Kreis, es weilet
Das Schöne nie in seiner Wohlgestalt,
Vom Zufall, vom Naturlauf übereilet.
Du aber sollst in ew'gem Sommer blühn,
Nie deiner Schönheit Eigentum veralten;
Nie soll dich Tod in seine Schatten ziehn,
Wenn ew'ge Zeilen dich der Zeit erhalten.
  Solange Menschen atmen, Augen sehen,
  So lang lebt dies, und heißt dich fortbestehn.

Moral und Motto

Der Einzelne wie das menschliche Paar können nicht in aller Ewigkeit im Rampenlicht stehen. Auf den hellen Tag folgt die dunkle Nacht, die an die schattige und verborgene Seite der menschlichen Seele, das noch Unbewältigte, gemahnt. Die anschmiegsame Mondgöttin *Selene* tritt an die Seite des Einzigartigen und Unabhängigen, das Weibliche ergänzt das Männliche, das natürliche Leben folgt dem Sonnengott und reflektiert das geistige Licht. Der einfühlsame *Eros* fördert Sehnsucht und motiviert aus den Tiefen des Gefühls heraus, sensibilisiert für das Fehlende und drängt nach Vereinigung der getrennten Lebenssphären. Es gilt nun, die im Innern verborgene Liebe zu spüren, zu entdecken, zu umhegen und umarmend zu umschließen.

Schlüsselbegriffe

Anteilnahme, Mitgefühl, Einfühlsamkeit, Sehnsucht, Traum, Empfänglichkeit, Weiblichkeit, Mütterlichkeit, Verdrängtes, Unbewusstes, Innerlichkeit, Geborgenheit, Natürlichkeit, Erinnerung, Gefühlstiefe, Rückzug, Erotik.

Bedeutung

Vergleiche zwischen Archetypen wie Mann und Frau sollten letztlich als Versuche verstanden werden, von Natur aus Unvergleichliches gegenüberzustellen. Dennoch drängt sich besonders in Hinblick auf die Sonne, den strahlenden Sonnengott *Apoll,* und den Mond, die nachts sich zeigende Mondgöttin *Luna,* ein solcher geradezu auf, denn beide sind rund und schenken ihren spezifischen Schein (*shines*) der Erde.[40] Sie könnten also auch zusammen betrachtet und als Paar „verglichen" (*compare*) und „relativiert" werden, wobei die „Nacht" und die „Dunkelheit" traditionell zumeist eine eher negative Wertung gegenüber dem kraftvollen Licht und der üppigen Wärme des strahlenden Sonnengottes (*gold, summer* 3x) hinnehmen müssen:[41]

Shall I compare thee to a summer's day?

Dennoch stellt das liebende Ich ungeachtet der durch die Frage zum Ausdruck kommenden Offenheit und Unentschiedenheit gleichsam in hoffnungsvoller Erwartung einer ergänzenden oder bestätigenden Antwort positive Aspekte dieses weiblichen Archetyps heraus:

Thou art more lovely and more temperate:

Die am Tage stärkende Energie des mächtigen Sonnengottes kann den Menschen einer Hemisphäre auf der

---

[40] Der Begriff „*shine*" vereint zwei Signifikate, indem er gleichsam den wahren und geborgten Schein äußerlich „zusammenträgt".
[41] Dies mag gemeinhin so sein oder so erscheinen. Hauptsächlich die Romantik sah dies offenbar anders, wie wir es z. B. dem Titel „Hymnen an die Nacht" von Novalis entnehmen können.

Erde aber nicht 24 Stunden lang Licht und Kraft schenken. Besonders im persönlichen Leben sind die energetischen Ressourcen irgendwann einmal erschöpft. Mit kühlender „Abblendung" (*dimmed*) erscheinen zumeist die Ästhetik des Schönen (*fair* 3x) wie auch das eigentlich Liebevolle (*more lovely*) erst dann, wenn die sommerliche Hitze (*too hot*) gemäßigt (*temperate*) scheint, sich ein wenig Schatten (*shade*) gezeigt hat und sich der Tag der Nacht oder – um bei umgekehrter Perspektive im gleichen Bild zu bleiben – sich die Nacht dem Tag endlich zuzuneigen beginnt.

Der Ewigkeit verheißende Sommer (*eternal summer*) und das üppige Licht haben in irdischen Zyklen und in unseren Breitengraden im Speziellen ihre bestimmte Saison, auf die im Jahresverlauf später unvermeidlich eine dunklere und kühlere Zeit folgen wird: der Winter oder die Nacht im universalen Zyklus des Tagesverlaufs. Diese lassen nur noch in der Erinnerung und im Spiegel die absolute Macht des Sonnengottes erahnen und sind vielmehr durch das Empfinden eines Mangels an Licht und Wärme bestimmt. Dann „erscheint" ein reflektierender Rückblick auf die sommerlichen Monate, der auch etwas nostalgisch ausfallen mag, angelegen und nur allzu natürlich:

And summer's lease hath all too short a date:

Aber „scheint" nicht jede genossene Liebesstunde und jedes Zusammentreffen (*date*) mit dem Geliebten in der Erinnerung der Liebenden zu kurz (*too short*)? – Gleichwohl kann die bedenkliche „Schattenseite" des stets „zu heißen" (*too hot*) Sommers aus der Distanz auch kritischer und zugleich dessen gemäßigteres Komplement und der folgende kühlere Anhang positiver und realistisch gesehen werden:

Sometimes too hot the eye of heaven shines,

Die Natur fordert in ihrem wechselhaften Lauf (*nature's changing course*) nämlich zum Wohl aller Geschöpfe gerade oft Einschränkung und Verzicht, besonders aber die irdische Aufteilung in eine Sonnen- und eine Nachtseite:

And often is his gold complexion dimmed;

Der Sprecher möchte den sommerlichen Hochglanz des Geliebten und eine womöglich heiße Liebschaft keineswegs in Frage stellen, obwohl er weiß, dass diese als solche nicht ohne Ende zu dauern vermag. Die Wärme des Sommers und das Bild des Paares möchten aber auch nichtsdestoweniger gerade in der Erinnerung erhalten bleiben. Dies ist die Aufgabe der fruchtbaren Mondgöttin *Selene*, welche die Energie des Sonnengottes in sich aufnimmt, austrägt und – wie wir es oft beobachten – in ihrem verträumten Gang (*course*) besonders nachts aktiv ist. Diese Göttin der Nacht gebiert also in einem besonderen Sinne, indem sie das Licht ihres Göttergemahls den Menschen als Gefühl und schönen „Schein" am Himmel widerspiegelt. Das ewige Leben *Apolls* – zumindest so weit wir Menschen uns erinnern können –

wird dabei in einem scheinbaren Rückzug und Untergang liebend geschont, gepflegt und weitergetragen.

Der Tod (*death*) sollte daher nicht prahlen (*brag*),[42] dass die geliebte „Mondgöttin" nur in seinem Schatten wandere, denn das ewige Leben wird gerade durch sie in der Erinnerung – besonders Schwarz auf Weiß – bewahrt:

Nor shall death brag thou wand'rest in his shade,

Der Mangel an Kraft ist ein zyklisch bestimmter und endlicher, der äußere Rückzug bedeutet keinen realen Tod, sondern vielmehr Garantie und Sicherheit für ein weiteres Leben. Als natürlichen Spiegel der männlichen wird der Dichter also ebenso die Liebe und den Wert dieser Göttin zu preisen wissen, was er in diesem Sonett auch einfühlsam tut.

Die letzten sechs Verse verdeutlichen die liebende Hingabe an den Sonnengott dann auch aus der Perspektive der zurückhaltenden Eva; dabei ist *shade* der zentrale Begriff, der sie selbst bezeichnet. Sie ist letztlich aber doch weniger eine dunkle Todbringerin (*death*), sondern aus der Sicht der Erdenbewohner umgekehrt vielmehr die Gebärerin ewigen Lebens (*gives life to thee*), insofern sie das Licht und die Kraft des Sonnengottes in sich aufnimmt und so das Leben in seiner dunklen Phase verlängert und zyklisch „neu"

---

[42] „Prahlerei" ließe sich als *lunatische* Spiegelung der vergangenen Größe und Macht des Sonnengottes verstehen, aber ebenso als affektive Preisung einer für die sterblichen Menschen eben nicht leicht fassbaren Ewigkeit des absoluten Sonnengottes.

hervorbringt. Nur aus rein materialistischer Sicht ist der Mond ein „toter", unbelebter „Himmelskörper" (*death*).

Solange der liebende Mensch wahrhaft zu sehen vermag (*eyes can see*), damit auch die abgedunkelte Wahrheit, und selbst Atem (*breathe*) und Leben (*life*) in sich trägt, wird angesichts der Zyklizität des Lebens (*life–death*) auch die „Erinnerung" besonders in den Zeilen der Dichtung leben, die hier „demonstrativ" mit „dieses" (*this* 2x) bezeichnet ist. Zum einen wird gerade der Schatten des „Geliebten", der zu Lebzeiten insbesondere ein natürlicher und organischer ist, dem Liebenden später neues Leben „gebären", zum anderen werden die an sich „toten" Zeilen das im ewigen Sommer „Geliebte" unvergänglich im „Gedächtnis" aufleben lassen.

Die Sicht des Sprechers ist der weiblichen Anschauung nachempfunden, wohl wissend, dass die Mondgöttin ihr Leben in Relation und in Abhängigkeit vom Sonnengott definiert. Noch die Frage des Sprechers an sich selbst im ersten Vers spiegelt die grundsätzlich reflexive Rolle und das eher passive Selbstverständnis des weiblichen Archetyps wider, für den es im Gegensatz zum strahlenden wie auch „prahlenden" Selbstbewusstsein *Apolls* eine eher schwierige und Mut einfordernde Aufgabe ist, sich an dessen Seite mit ihm zu vergleichen und als gleichwertig zu behaupten.

Es sind also die nicht unbedingt im hellen Rampenlicht wirkenden Gefühle, Fantasien und Träumereien, die im Hintergrund der glänzenden „Stars" ihr „natürliches" Dasein einfordern, das aus tagesheller Klarsicht vielleicht als eine geheimnisvolle Märchenwelt erscheinen mag. Im weiblichen

Selbstempfinden der Göttin bestimmen aber ohnehin eher eine natürliche Schönheit, Gerechtigkeitssinn (*fair* 3x), Liebenswürdigkeit (*lovely*) und eine gewisse Zurückhaltung des vitalen Andranges (*more temperate*)[43] das Ideal einer dezenten Partnerschaft. Für die romantische Mondgöttin stehen auch mehr das Gemeinschaftsgefühl, Entspannung und eine rechtzeitige Erholung im Vordergrund. Sie vertritt damit völlig andere Tugenden und Werte als jene, die vom Sonnengott demonstriert und gefordert werden.

Die weibliche Göttin steht darüber hinaus für Hingabe, Anteilnahme, Bescheidenheit sowie einen anständigen und angemessenen Umgang (*fair*). Sie ist die entsprechend eher unscheinbar und zurückhaltend umworbene Eva, deren Wesen der Sprecher huldigt und die er auf eine solche Weise preist, wie es dieser empfänglichen und gefühlvollen Dame zukommt, die aus dem „Unbewussten" heraus den Traum, die Sehnsüchte und den Eros eines jeden Mannes bestimmt.

Die Schönheit ist allerdings eine vergängliche, die ihre Kraft und Bedeutung vom ewigen Licht *Apolls* leiht. Aber aus dieser Sachlage entwickelt die Göttin eine gute Absicht, wenn sie nach erbrachten Anstrengungen endlich einmal nötigen Rückzug, Ruhe und in der gemeinsamen, „intimen" Erinnerung gepflegte, liebevolle Momente schenkt, die noch dem prächtigsten Helden die Relativität und Vergänglichkeit seines eigenen Lichts ins Bewusstsein bringen.

---

[43] Der Begriff „*temperate*" (lat. *temperare* = schonen, besänftigen, mäßigen, mischen, leiten) lässt überdies die Zeit (lat. *tempus*) anklingen, die Erinnerung und Relativität schafft.

Einen indirekten Bezug zur *Mondgöttin* beinhaltete indes bereits das vierte Sonett. Dort war jedoch umgekehrt der Akzent auf der patriarchalischen „Beherrschung" des noch unbewussten Gefühlslebens durch eine ordnende Autorität gesetzt. Das dominante Bild des regierenden „Ordnungshüters" zeigte dabei ein amtliches Legat, während das ehedem noch „unbeherrschte" Weibliche als ein im Auftrag zu integrierendes Komplement und Desideratum den Schatten des männlichen Archetyps konstituierte.[44]

Hier bestimmen aber umgekehrt die *Mondgöttin* und der zusammen mit ihr erscheinende *Eros* dominant die Bildlichkeit. Ihr symbolisches Komplement ist in diesem Sonett auch nicht mehr ein weltliches Oberhaupt, ein Regierungschef, Familienvater oder Beamter, sondern ein noch umfassenderer Souverän, der Sonnengott *Apoll* selbst, das unbedingte und absolute Lebenszentrum des solaren, menschlichen Universums.

Das Verhältnis von Sonne und Mond offenbart sich, wie auf der Tarotkarte nahegelegt, aus weiblicher Perspektive als ein symbiotisches: Die Mondgöttin zeigt eine „reflektierte" „sommerliche" Ewigkeit, die auf der Erde gerade nicht „so lange" (*so long*) dauern kann und nur in der nächtlichen Zusammenkunft und in Anlehnung an die zweite Hälfte der irdischen Hemisphären als „ewig" „erinnert" werden kann.

---

[44] Die Analogie zum vierten Tierkreiszeichen *Krebs*, das von der Mondgöttin regiert wird, war für das vierte Sonett schon aufgrund seiner Position symbolisch mitbestimmend.

Das dreimalige *summer* (3x) sowie das doppelte *eternal* (2x) können daher als Spiegelung des ewigen Antlitzes des Sonnengottes, des hoch stehenden himmlischen Gemahls, verstanden werden, in dessen Schatten und Abhängigkeit sich die Göttin zeigt, aufgehoben weiß und dessen Licht sie in natürlichen Zyklen der Welt neu offenbart. Ohne die anhängliche „Beziehung" zu ihrem *Apoll*, die zugleich eine „Relativierung" bedeutet, wäre in der Dunkelheit kein Licht, keine Erinnerung und kein schöner Schein denkbar.

Auf eine kleine Schwäche der Göttin möchten wir am Ende noch liebevoll hinweisen: *Luna* ist die Schirmherrin über das „natürliche" Leben und damit das im Verborgenen wirkende organisch-vegetative System des menschlichen Organismus, das zuweilen nicht bewusste oder beabsichtigte *lunatische* Wechsel beschert, gewissermaßen von der Natur bewirkte „Launen" (*nature's changing course*).

Aber zu guter Letzt werden sicherlich besonders die wunderschönen Momente in der Erinnerung bleiben, die angesichts der beiden sich am menschlichen Himmel am mächtigsten zeigenden Gottheiten konkret-irdische und persönliche Assoziationen ins Bewusstsein rücken, wenn es um die stets zu kurzen, aber doch auch „ewig" und in Ewigkeit „scheinenden" Rendezvous einer „himmlischen" Liebe geht: *lovely, darling, date, heaven, fair* und *life/lives*.

Das markante Auftreten des Vokals „o", in dem *or*, dem *more* (2x) oder dem doppelten *so long* (2x), lässt am Ende sogar noch buchstäblich das versteckte Gold der Sonne in einem schönen, runden Licht reflektiert erscheinen.

Schlüsselwörter

summer (3x)	Sommer
fair (3x)	schön, angemessen
life/lives (2x)	Leben
more (2x)/*too* (2x)	mehr, zu (Vergleich)
so long (2x)	so lange
eternal (2x)	ewig
compare	vergleichen
temperate	gemäßigt
darling	Liebling
lovely	lieblich
date	Verabredung
dimmed/shade	abgeblendet, Schatten
declines	sinkt, nimmt ab
chance	Gelegenheit
grow'st	du wächst
breathe	atmen
heaven	(geistiger) Himmel

Merksatz

*You are more lovely and more temperate
than an eternal summer's day, darling,
you grow and breathe in the dimmed shade
and give heaven a chance for a fair life and date.*

20. Sonett **Der Schatz im Himmel**

(*Natur und Auferstehung*)

A woman's face with nature's own hand painted,
Hast thou, the master-mistress of my passion;
A woman's gentle heart, but not acquainted
With shifting change, as is false women's fashion;
An eye more bright than theirs, less false in rolling,
Gilding the object whereupon it gazeth;
A man in hue, all hues in his controlling,
Which steals men's eyes, and women's souls amazeth.
And for a woman wert thou first created;
Till nature, as she wrough thee, fell a doting,
And by addition me of thee defeated,
By adding one thing to my purpose nothing.
   But since she pricked thee out for women's pleasure,
   Mine be thy love, and thy love's use their treasure.

Tarot

Gericht   **20. Sonett**

Von eignen Händen der Natur geschminkt,
Ein Fraungesicht hast du Mann-Mädchen meiner Liebe!
Ein mildes Frauenherz, doch unbedingt
Durch falscher Frauen wechselvolle Triebe:
Ein Auge heller, minder falsch im Rollen,
Vergoldend wie es blickt. Von Farb' ein Mann,
Dem Huldigung der andern Farben zollen;
Der Männeraugen Dieb, der Frauenseelen Bann.
Auch warest du zum Weib geboren, machte
Natur nicht, in der Arbeit liebeblind,
Den Zusatz, der mein Hoffen um dich brachte,
Dir Gaben leihend, die mir nutzlos sind.
  Doch da sie Frauengunst mit dir gesucht,
    Gib deine Liebe mir, gib ihnen Liebesfrucht.

Moral und Motto
Höre auf den Weckruf des Engels und folge ihm in das verlorene Paradies. Er mag dir in schöner, leiblicher oder lichter, himmlischer Gestalt erscheinen, um dich an deine vergessene „Übernatur" und die Wiederauferstehung der Toten jenseits überlebter, irdischer Formen zu erinnern.

Schlüsselbegriffe
Weckruf, Wiederauferstehung, Aufrichtung, Neubelebung, Transzendenz, Schatzhebung, Erlösung, wiedergefundenes Paradies, Jüngstes Gericht, Natur und „Übernatur".

Bedeutung

Das Sonett hat aufgrund seiner Anekdote und der Tatsache, dass dem Geliebten ein androgynes (*master-mistress*) und sogar weibliches (*A woman's face*) Gesicht zugeschrieben wird, Anlass gegeben, hieraus einen Hinweis auf die vermeintliche „Homosexualität" des Autors ableiten zu dürfen.[45] Dieser könnte allerdings nicht Shakespeare heißen, wenn die Bedeutung derart profan an der Oberfläche

---

[45] Damit wird in exemplarisch irrtümlicher Weise vom Detail auf den Gesamtinhalt geschlossen. Das Wort „*woman/en*" tritt hier allerdings signifikant sechs Mal auf – in den anderen Sonetten der Sequenz gar nicht. Unabhängig davon ist das Interessante aber die Anekdote und der Sinn hinter den Zeilen.

zu finden wäre. Bei den Sonetten handelt es sich aber – wie explizit dargelegt werden soll – um symbolische Konzepte.

Die 20. Tarotkarte „Gericht" (engl. *Judgement*) zeigt die Symbolik eines „himmlischen Gerichts" oder des „Jüngsten Gerichts", in deren Zentrum der Weckruf des Engels Gabriel zur Wiederauferstehung und Rückkehr zum „verlorenen Paradies" steht. So ist im oberen Teil des Tarotbildes auch ein golden gelockter Engel abgebildet. Obwohl Engel als himmlische Abbilder des menschlichen Archetyps nun eher als *androgyn* gelten, wird Gabriel in der christlichen Tradition doch als weibliches Wesen dargestellt, zuweilen mit einer Posaune (hier Trompete). Als Marias Verkünder der Geburt des Christuskindes trägt er eine weiße Lilie als Symbol der Reinheit und Jungfräulichkeit.

Wenn nun vor diesem biblischen Hintergrund von einem „Gericht" die Rede sein sollte, dann handelt es sich also um ein „engelhaftes", das eine Verheißung darstellt, sich himmlisch ausgewogen zeigen möchte und nicht durch negative Assoziationen wie „Verurteilung" oder „Bestrafung" definiert werden sollte.

Betrachten Sie im Weiteren das zumeist mühselige, zuweilen auch lustvolle irdische Treiben der Menschheit aus der Perspektive eines himmlischen Engels! Dann werden Sie den verborgenen Schlüssel und das Eintrittsgeld für das himmlische wie auch irdische Paradies in Händen halten. Letzteres könnten Sie somit betreten, doch nur in der „Transzendenz", das Himmelreich unter der Voraussetzung, dass Sie Ihre doch einmal wieder „verstaubte" und leblose irdische Form mit engelhaftem Himmelslicht erfüllten.

Das himmlische „Gericht" zeigt also keinen dunklen Gerichtssaal, sondern vielmehr graue Menschen, keinen Richter nach menschlichem Maß, sondern eine aufgerichtete und „aufrichtende" himmlische Erscheinung mit einem herrlichen Antlitz, welche die erstarrten, im Geiste toten Menschen aus ihrer leblosen Horizontalen vertikal zum Himmel hinauf „ausrichten" möchte, um ihnen ein „übernatürliches" Licht zu offenbaren, eine „goldene" Wirklichkeit jenseits ihrer grauen Alltagskleidung, falscher (*false* 2x) Identifikationen und allzu menschlicher Schwächen. Der Engel dieses „Gerichts" beabsichtigt dabei nichts weniger, als geistig (oder lebendig) Tote aus der horizontalen Zeitlichkeit vertikal zum ewigen Leben hin zu erwecken und „aufzurichten", sie wieder einmal mahnend zur himmlischen „Wiederauferstehung" zu bewegen.

Hier sei damit einmal ein kleiner Exkurs aus täglicher Erfahrung gestattet, der den metaphysischen Diskurs des Sonetts verständlicher werden lässt: Man stelle sich eine Trompete vor, die Ihnen ans Ohr gehalten wird, wenn Sie wieder einmal dabei sind, lustlos und ohne Inspiration Ihren Routinen und gewöhnlichen Rollen im Alltagsleben nachzugehen oder nachzuhängen. Der erste Effekt ist möglicherweise ein Verwundern, dem aber Frohlocken folgt, weil Sie merken, dass Sie aufgewacht sind und plötzlich einen klaren Kopf haben, unabhängig davon, ob Sie Mann oder Frau sind. Ihnen ist unvermittelt zu Bewusstsein gekommen, dass Sie zu einem Stelldichein bei einem himmlischen Gericht aufgerufen sind und diese deutliche Einladung, die an etwas längst Bekanntes erinnert, fast verschlafen hätten, weil Sie sich an eine bestimmte Gestalt im Himmel, den Erzengel Gabriel, nicht mehr zu erinnern wussten. Sie hatten zwar früher von der Vertreibung aus dem Paradies gehört, doch eine Rückkehr hatten Sie nicht mehr für möglich gehalten, weil Sie sich aufgrund Ihrer „Konditionierung" infolge der letzten Vertreibung aus dem Paradies in erster Linie über Ihr natürliches Geschlecht definiert hatten. Doch jetzt bekommen Sie vom Himmel postwendend die Quittung, doch nicht als Strafe, sondern vielmehr aus göttlicher Gnade und himmlischem Mitleid.

Der „Jüngste Tag" steht vor der Tür und Sie erhalten die nicht mehr erwartete Gelegenheit, sich aus der öden Gruft, die Sie im „Laufe der Zeit" nur zu gut kennengelernt haben, aufzurichten, um einem wunderschönen Engel, der Sie endlich erlösen möchte, der übrigens auch Sie selbst oder Ihr Geliebter, Partner etc. sein könnte, erneut lustvoll ins himmlische Paradies zu folgen, das weitgehend unseren gewagtesten Vorstellungen entsprechen durfte, natürlich nicht allein unseren profanen. Dies bedeutet allerdings aus geistiger Sicht nichts weniger, als Tote lebendig werden zu lassen, sich selbst – weg von der horizontalen Perspektive – in die Vertikale hinauf „aufzurichten", den Blick in die Höhe zu wenden, um zu guter Letzt das erhellende und erlösende menschliche und zugleich übermenschliche Ebenbild dort zu sehen, wo es letztlich auch nur zu entdecken sein wird: im (inneren) Himmel.

Fragen wir uns sodann einmal, was die angesagte „Perspektivverschiebung" um 90 Grad erklären könnte und warum eine „Rückkehr" zum „verlorenen" Paradies überhaupt gefordert sein sollte: Die irdische Schwerkraft und verschiedene Sackgassen ließen sich als Gründe anführen: Übertreibungen und Größenwahn einerseits, Ohnmacht und Trägheit andererseits, unnötige Kreisläufe, die zu einer geistigen Vernebelung aus Sicht engelhafter Lichtgestalt und himmlischer Makellosigkeit geführt haben. Wir vermuten weiter, dass ein unentschuldbarer Verlust der eigenen Identität vorausging, was zur Folge hatte, dass sich hinter den natürlichen Existenzformen kein Leben und kein himmlisches Licht mehr erkennen ließen. Endlich dann der erlösende Aufruf, dass der Augenblick gekommen ist, die im Innern verborgene himmlische Gestalt wieder zum Leben zu erwecken und vom Anblick und Geist des Paradieses erneut „entzückt" (*amazeth*) und „beseelt" (*souls*) zu werden.

Offenbar hatten Mann, Frau und Kind in die „falsche" (*false*) Richtung geschaut, nämlich in die Horizontale, sich im Zeitlichen und damit irdischen Abglanz verloren, hatten folglich eher schwarze Grabkammern und Kreuze vor Augen gehabt und jene goldgelockte Gestalt in der Höhe infolge menschlicher Vergesslichkeit und allgemeiner Schwächen verdrängt. Nun ist es wieder einmal so weit: Die gesamte menschliche Familie bedarf erneut und ziemlich dringend der himmlischen Ausrichtung und Direktive.

Auf der Grundlage der Zahlensymbolik wird die hintergründige Bedeutung des Sonetts zudem aus einer abstrakten Perspektive verständlich: Die **20** ist eine gerade, also weiblich akzentuierte Zahl, bei der der voranstehenden **2** eine **0** ergänzend (*addition/adding* 2x) angehängt ist, die ihrerseits auf die Geschlossenheit des Kreises und eines Zyklus verweist. Der weibliche Formaspekt (**2**) sowie eine damit angelegene Opposition oder Komplementierung auf der Grundlage von Dualismen sollte daher – bildlich zum Ausdruck gebracht – wieder in den „ewigen" „Kreislauf" (**0**) integriert, die erstarrten Formen mit „zirkulierender" Energie zyklisch und grenzenlos neu belebt werden. Dabei gilt es zugleich, in Bezug auf die Vorstellung des Paradieses einen Kreislauf zu entdecken: ursprüngliches Paradies – Fall und Vertreibung – Rückkehr zum (verlorenen) Paradies.

Die **2** neigt indes zu einer Paralyse in existenziellen Widersprüchen und wir gönnen ihr daher die „heilige" Komplementierung mit dem Symbol der göttlichen Einheit, Geschlossenheit und Abrundung: nämlich durch die **0**. Der zweite Archetyp (**2**) präsentiert und fordert aber zudem die natürliche „Addition" und macht auch solcherweise einen Mangel deutlich – aus Sicht des Mannes wie der Frau.

Im Positiven sucht die **2** Ausgleich und Ergänzung und zeigt dabei individueller Maßlosigkeit menschliches Maß und notwendige Grenzen; dabei sensibilisiert sie auch für die deutliche Wahrnehmung des anderen Genus.

In der **20** drückt sich also nicht lediglich die logische „Begrenzung" durch einen irdischen Gegensatz aus, sondern auch eine „Erlösung" aus der Stagnation durch den ewigen „Stromfluss" und die Zyklizität. Die himmlisch-menschliche Gestalt des Engels, an der sich Mann und Frau gleicherweise orientieren könnten, überschaut Erde und Himmel und überschreitet existenzielle Grenzen und Polaritäten. Sie verweist auf eine „übernatürliche" Synthese, die sich im Bild des himmlischen „Kindes" offenbart. Der Mensch, der nach seiner Vertreibung aus dem Paradies erneut eben hier einzutreten wünscht, wird allerdings seine Identität zugleich als Erwachsener wie jene als „himmlisches Kind" nun in der Zeitlichkeit zu bedenken haben.

Werfen wir aus numerologischer Perspektive einen weiteren Blick auf das Sonett: Die **2** begabt, indem sie für die weibliche „Natur" (*nature* 2x) steht, besonders mit Sensibilität, einem sanften Herz (*gentle heart*), Empathie, Geduld wie erduldender Hingabe (*passion*),[46] Tugenden, die sie zu männlicher Tatkraft und individuellem Selbstsein, den typischen Eigenschaften der primären **1**, im wahrsten Sinne des Wortes „addiert" (*addition*).[47]

In menschlicher Partnerschaft erscheint die **2** als „Sekundant" der aktiven und extrovertierten **1** und zugleich als deren notwendiger Antagonist und Bremser. Dem

---

[46] Das Wort geht auf das lateinische „*pati*" zurück, was „untätig sein", „ertragen" oder. „erdulden" bedeutet, dies als gegenteilige Kategorie zu „Aktion" (lat. *agere*). „*Passion*" mag im weiteren und abgeleiteten Sinne dann auch „Leidenschaft" implizieren.

[47] Unabhängig davon, dass die Natur auch Adam etwas Besonderes (*pricked*) „hinzugefügt" hat.

unabhängigen männlichen Archetyp zeigt sie den irdischen Spiegel und ermöglicht damit einen Prozess der Reflexion, insofern sie das an sich unteilbare Individuum auf sich selbst zurückwirft und sich in Abgrenzung zu einem zweiten „objektiv" (*object*) erkennen und erfahren lässt. Sie ergänzt den Geist mit objektiver Substanz, männliche Einheit und Geschlossenheit mit „objektiver" Pluralität (*their/theirs*) und Differenzerfahrung in Hinsicht auf den weiblichen Archetyp.[48] Mit „Materialisierung" und „Objektivierung" legt sie in einem binären System (*one thing/no-thing*) in der Folge Selbstbescheidung und natürliche Diskretion nahe.

Betrachten wir nochmals den himmlischen Engel: Eine solche überirdisch schöne und eindrucksvolle Erscheinung vermag durchaus den Mann, ein Kind wie auch die Seelen (*souls*) der Frauen in Erstaunen zu versetzen (*amazeth*), das irdische Gezeter und Durcheinander (*hues*) zu kontrollieren (*controlling*), vertikal neu auszurichten und dem bunten Geschrei „Farbe" (*hue*) zu geben, damit die vielen Nuancen

---

[48] Das 20. Sonett wird zudem als ein dem 19. Sonett dialektisch folgendes verständlich: Während dort gleichsam die männliche Vitalität absolut und unbedingt bejahend die Vielzahl beherrschte, sind es hier die vielen Frauen, die den Einzelnen in Versuchung zu bringen drohen und der Einheit und individuellen männlichen Macht entgegenwirken. Diese „Einheit" offenbart sich nun nicht mehr in uneingeschränkter „Tatkraft", sondern – dialektisch erweitert und gleichsam in den Himmel gehoben – in der transzendenten Kontrolle über das „menschliche" Geschlecht, insbesondere aber über die Natur und den weiblichen Anteil des archetypischen androgynen Menschen.

(*hues*) des natürlichen Lebens im Geiste mit einer Stimme zu vereinen und zu integrieren:[49]

A man in hue, all hues in his controlling,
Which steals men's eyes, and women's souls amazeth.

Bei einer solchen inneren und äußeren „Ausstrahlung" eines „einzigen" totalen Menschen (*A man*) oder „Mannes" müsste die „Natur" selbst neidisch werden, diese nicht alltägliche „Übernatur" geradezu wie einen „Außerirdischen" bewundern. Doch ist sie zugleich auf sich selbst bedacht und versteht es, ihren spezifischen Nutzen (*use*), ihre eigenen Bedürfnisse und ihren Existenzzweck durchzusetzen, der im Nutzen der Geschlechter und im Gebrauch der dialektischen Erweiterung liegt. Es kann nicht ihr Anliegen sein, den alles „kontrollierenden", „männlichen" Menschen von seinem Sinnesobjekt abzulenken. Auch sie hat nur Vorteil von der Befruchtung durch (irgend)einen „männlichen" Adam, eben „einen Mann". Dabei bevorzugt sie dennoch einen solchen, der gleichsam aus dem Himmel zu kommen oder auf sie herabzuschauen vermag, mithin einen „männlichen" und „himmlischen" „Engel". Es könnte damit sogar – was zu hoffen ist – den ansonsten drohenden Fehlidentifikationen und der halt- und heillosen Promiskuität der Geschlechter (*aquainted*) eine gewünschte Grenze gesetzt werden.

---

[49] „Gabriel" bedeutet im Hebräischen in bezeichnender Weise „Mann", „Kraft" oder „Held Gottes".

Realität und Mythos können gleichermaßen lehrreich sein: So markierte die „Natur" (*nature*) die Ausrichtung auf die Vertikale[50] des von ihr „geschöpften", „natürlichen" Mannes aus Verliebtheit, Altersschwäche oder einfach, weil sie irgendwann selbst bereits kindisch, kraftlos und närrisch zu werden drohte, vielleicht auch, um sich nicht als „Objekt" (*object*) selbst begehren zu müssen, sondern vielmehr selbst auch begehrt werden zu können:

> *And for a woman wert thou first created;*[51]
> *Till nature, as she wrought thee, fell a doting,*

Gerade ein verständnisvoller und mitfühlender Mann muss sich endlich doch „mannhaft-menschlich" geschlagen (*defeated*) geben und den Willen der Natur akzeptieren:[52]

> *And by addition me of thee defeated,*
> *By adding one thing to my purpose nothing.*

---

[50] Im Emblem des Engels, dem sonnenfarbigen Kreuz, „kreuzen" sich die Aspekte von „Vertikalität" und „Horizontalität".
[51] Der männliche Embryo nimmt im Laufe seiner Entwicklung im Mutterleib erst später die männlichen Geschlechtsmerkmale an, anders als der Mythos der Erschaffung der Frau aus der Rippe des (erstgeborenen) Mannes es vielleicht sehen möchte.
[52] Aus numerologischer Sicht regiert in diesem Bild die weibliche, bisweilen „antagonistische" 20, damit die „Addition". Eine solche „Zugabe", die von der Natur dem Mann beigegeben ist, sollte von diesem eben in natürlicher Weise akzeptiert und genutzt werden.

Gleichwohl in menschlichen „Bettangelegenheiten" das Geschlechtliche, männliche Konkurrenz, weibliche Vielfalt und überhaupt ständiges „Durcheinander" und „Geschrei" (*hues*) herrschen mögen, erfolgt die „Befriedigung" der Natur im essenziellen Sinne durch den Geist, ist der Himmel der Ziehvater aller Menschen. Die Natur vermag zwar die Gestalt und das natürliche Geschlecht beizutragen, mit einem „übernatürlichen" Samen zu befruchten, dies vermag wahrlich nur ein „himmlisches" Wesen.

Das subtile Gedankenspiel, um das sich der Autor hier bemüht, sollte am Ende allerdings keine Missverständnisse hervorrufen. Indem der Mann seine geschlechtsspezifische „Natur" akzeptiert, kann er selbst seine „natürliche" Rolle im Spiel „*Männer und Frauen*" erfüllen und ermöglicht dabei zugleich der Frau ihre spezifische Natur zu erfahren.

Im Prinzip wird in diesem Sonett aus abstrakter Sicht also ein Kampf zwischen Natur und Geist („Übernatur") ausgetragen, in dem es eigentlich nur zwei Gewinner geben sollte, sofern die himmlischen und natürlichen Spielregeln eingehalten werden. Natur und Geist erscheinen dann auch nicht mehr als Gegner, sondern als Partner in einem Spiel auf einem realistischen Parkett zwischen Himmel und Erde. Die „Dominanz" der „Natur" auf Erden hat ihr kontrastives Äquivalent im himmlischen Engel, der seinen Schatten auf die Natur und Sterblichen wirft, die diesen im doppelten Sinne nicht selten verdrängen: als Natur und Übernatur.

Wenn man die Perspektive der Natur nun als einseitig zu werten hat, so liegt hier doch eine gewisse Berechtigung, denn auch die „übernatürliche" Sichtweise des Engels allein wird der Existenz nicht „gerecht". Schließlich können und sollten sich die auf Erden „antagonistischen" „Naturen" aber auf ihren göttlichen Ursprung und ihre Transzendenz (**o**) berufen, denn nur dort kann ihre „Erlösung" liegen. Doch zugleich ist das Paradies im Natürlichen zu entdecken, das im Rahmen eines vielfältigen Angebots „genutzt" werden möchte, wobei beide Parteien auf dem Weg dorthin auf ihre spezifische Weise „agieren" mögen (*hue*).[53] Der Gegensatz von „Natur" und „Geist", der in einem „Stellvertreterkampf" zwischen Frau und Mann ausgetragen wird, mag indes in der göttlichen Trinität – oder auch mit der Geburt eines „himmlischen Kind" – einen Weg aus der Paralyse finden.

Die Rechtsprechung des *Jüngsten Gerichts* fordert also dazu auf, sich nicht in der geschlechtlichen Identität und Polarität zu verlieren, sondern sich auch des „natürlichen" Schattens gewahr zu werden, damit zugleich einen Blick zum androgynen „Engel" zu werfen, sich der eigenen Natur wie auch der eigenen „Übernatur" bewusst zu werden. Nur in einer transzendenten Anschauung kann das Paradies, zu dessen Betreten hier einmal mehr ein attraktiver „Engel"

---

[53] „*Hue*" mag „Farbton", „Einfarbung", „Nuance" oder „Geschrei" meinen. Die verschiedenen Bedeutungen sind in der vorliegenden Symbolik aufgehoben. Männliche „Sonderstellung" und weibliche „Diversifizierung" erscheinen im Engel *Gabriel* integriert: *A man in hue, all hues in his controlling.* Der himmlischen Erscheinung entgegen steht allerdings ein quälendes „*hue and cry*" als irdisches Gezeter oder auch „Zeter und Mordio".

einlädt, wiedergefunden und „schuldfrei" erlebt werden. Die himmlische Direktive lässt die ungebundene Weiblichkeit und ihre „zeitlichen" „Kreisläufe" (*false women's fashion, false in rolling*) wie ebenso eine nur selbstbezügliche Männlichkeit[54] als durchaus „falsch" erscheinen, sofern die Hinwendung zur eigenen „Übernatur" und einem „Engel" als „richtende" und „erlösende" Instanz fehlen sollte.

Kommen wir zu einer psychologischen Betrachtung: Vom Sprecher wird besonders eine „weibliche" Tugend gelobt, nämlich ein „sanftes Herz" (*gentle heart*). Warum sollte dieses aber allein eine weibliche Tugend vertreten? Nur in einer intransigenten, patriarchalischen Gesellschaft, die ihre weibliche Seite verdrängt und damit zwangsläufig ein Ungleichgewicht schafft, wird „weibliche" Sanftmütigkeit kategorisch als unmännlich abgetan. Die Psyche verarmt jedoch, wenn Tugenden, die gerade einen „Gentleman" auszeichnen und erst „rund" machen, keine Wertschätzung erfahren und die ergänzende Seite der himmlischen „Natur", die weicher, seelischer Art (*souls*) ist, verdrängt wird.

Der vorliegende Diskurs erweitert und übersteigt die Kategorien konventionellen Denkens: Aus „übernatürlicher" Sicht ist die „Heimat" des Menschen, sein wahrer „Schatz im

---

[54] Es erscheint zunächst nicht unbedingt „natürlich", dass Frauen und Männer von einem himmlischen „Supermann" in gleicher Weise beeindruckt sind, aber dieser ist eben eine androgyne Erscheinung, die Anteil an beiden Existenzsphären hat. Auch die natürliche Männlichkeit bleibt unzureichend, sofern sie sich nicht auf ihren himmlischen Ursprung zu beziehen vermag.

Himmel", überdies weder weiblich noch männlich, sondern himmlischen Ursprungs und insofern von der existenziellen Dialektik (*men's – women's*) „erlöst".

Ein Weckruf zur „Wiederauferstehung" des Geistes in der Form verheißt folglich die Erlösung des Menschen aus der Identifikation mit seiner polaren Existenz, deren naiver Negation im Irdischen jedoch keineswegs das Wort geredet werden soll. Wenn sich im Verhältnis zwischen Mann und Frau früher oder später eine gewisse „Empfänglichkeit" einstellen sollte, damit die eine Hälfte im Blick auf die andere sozusagen „verführbar" wird, sollte diese gleichwohl nicht nur mit der Brille des Geschlechts, sondern in ihrer göttlichen Totalität wahrgenommen werden. Dies ist aber nur möglich, wenn dem anderen als geistiges (engelhaftes) Wesen auch ein Platz im Himmel eingeräumt wird. Die eine Seite wird also, um den himmlischen Anteil der anderen in sich zu integrieren, selbst für den Himmel „aufgeschlossen" sein und dabei ihr „objektives" Ich ein wenig „zurückhalten" müssen. Die natürliche Sexualität als archetypisch andere in Bezug auf das „sekundäre" Geschlecht mag so aus der Transzendenz heraus begriffen werden, ohne dass deren natürliche Funktion geleugnet werden müsste. Eine solche „Aufrichtung" in die Höhe sollte am Ende aus dem Zeitlich-Irdischen und Vielfältigen hin zur Entdeckung des wahrhaft gemeinsamen „Himmelsschatzes" führen. In der vom ewigen Kreislauf (**0**) geforderten Begegnung können die Gegensätze (**2**) infolgedessen aufgelöst und die beiden

Liebenden vom „höheren Gericht" emporgehoben, befreit und „erlöst" werden.

Der Mensch mag seinem Ursprung nach androgyn sein, indem er als himmlisches Wesen die beiden kosmischen Polaritäten in sich vereint, doch ist die Herausstellung der **o** hier nicht die alleinige Aussage. Gerade in der Ausrichtung zum Himmel erkennen sich die Liebenden als Adam und Eva (**2**) nämlich erst in ihrer ursprünglichen Gestalt, nun allerdings nicht mehr als lebendig Tote in der Horizontalen und im Zeitlichen paralysiert, sondern auf die sich ihnen öffnende „Vertikale" hin „ausgerichtet" und „bereichert".

Der „Mensch" (*man*) wird im himmlischen „Gericht" also zu einem vollständigen „Menschen", als Mann-Frau-Kind-Einheit, vertikal „aufgerichtet", insofern er als ein im Irdischen „verführbares" Geschlechtswesen andernfalls seine Identität und Totalität als ein engelhaftes Wesen einbüßen müsste.

Noch in einem spezielleren Sinne – sofern wir es hier mit „Liebesgedichten" zu tun haben wollen – mag das poetische Bild verstanden werden: Um den Geliebten als einen „himmlischen Schatz" zu begreifen, bedarf es der „Offenheit" und „Zugänglichkeit", Tugenden, die in vielen Kulturen geradezu als „Schwäche" ausgelegt werden. Aber eben diese „Schwäche" ist eine positive Bestimmung, weil der Mensch „von Natur" aus ergänzungsbedürftig ist. In der „Anlehnung" eröffnet sich ihm zunächst die geschlechtliche „Transzendenz", in der vertikalen Hingabe darüber hinaus die himmlische. Dabei geht es gar nicht um die Aufgabe der sexuellen Identität, sondern zunächst um deren natürliche Bestimmung. Erst aus der Sicht der „Horizontalen" wird angesichts „weiblicher" Übermacht die Forderung nach einem „Supermann" auch wieder doppelsinnig verständlich.

Die **2** verweist aus numerologischer Sicht auf das „Hinzutreten" eines Zweiten (*and by addition*), auf die Ergänzung des singulären Männlichen durch das Pluralität „schaffende" Weibliche, das in diesem Sonett mit der **0** symbolisch potenziert (**20**) erscheint. Integration und Erweiterung fordern als weibliche Aspekte nicht Aktion und Individualismus, sondern Hingabe und Passion (*passion*) und lassen zunächst und primär kein Hervortreten des Einzigartigen erwarten. Umgekehrt können aus analytischer Sicht die Präsenz des Verschiedenen, aus synthetischer die Betonung von Gemeinsamkeiten in dem Sekundären (**2**) entdeckt werden. Zudem liegt mit der **0** das Erkennen des Ursprungs, der göttlichen Einheit und Zyklizität und damit des gemeinsam „geteilten" himmlischen Willens im ewigen irdischen „Geschlechtsverkehr" nahe. Die Wahrnehmung des „objektiven" (*object*) Aspekts der Schöpfung (**2**) wird auf dieser Bewusstseinsstufe also durch die Integration in einen ewigen Kreislauf (**0**) erweitert, der über den im Materiellen markierten Dualismus hinausführen sollte.

Aus weiblicher Identität sprechen „Sanftmut" (*gentle heart*), „Veränderlichkeit" (*shifting change*) und wechselnde Moden (*fashion*); negativ und fragwürdig könnten dabei allerdings deren übermäßige Idealisierung oder Idolisierung erscheinen. Den recht attraktiven Anstrich des „Materiellen" vertritt ein „Goldschatzblick",[55] der das „Objekt" zu Gold, dem „Symbol" des wahren inneren Schatzes, des geistigen Lichts und der Einheit, werden lässt:

Gilding the object whereupon it gazeth,

Auf dem Bild der Tarotkarte sind die Menschen aus ihrer paradiesischen Nacktheit heraus dazu aufgerufen, aus ihren Gräbern, den irdischen Gefängnissen, herauszutreten, um dem Weckruf des Engels zu folgen, der die Menschen auf ihren Ursprung jenseits ihrer bedingten Lebensformen verweist. Dies bedeutet für den „engelhaften" Menschen, sofern wir von einem männlichen Protagonisten ausgehen wollen, der seinen weiblichen Seelenanteil „wiederfinden" und seinen persönlichen „Engel" neu entdecken möchte, sich im Irdischen und damit der polaren Welt erneut zum wahren „Menschen" oder „Mann" zu erheben. Es bedeutet zudem, über die weibliche und männliche Form hinaus das im Himmel Gemeinsame zu erkennen, den im Innern verborgenen, gemeinsamen Schatz als Paar zu heben, der nur darauf wartet, wiederentdeckt zu werden. Schauen wir uns die Quintessenz der vorausgehenden Überlegungen an:

But since she pricked thee out for women's pleasure,
Mine be thy love, and thy love's use their treasure.

---

[55] „Gold" kann geradezu als irdisches Komplement und „Abglanz" des himmlischen „Schatzes" verstanden werden, als das Attribut des Himmels und der Sonne aus „objektiver" Sicht.

Einmal mehr mag das Verhältnis des Liebenden und seines Geliebten sowie des höheren Selbst des Liebenden und seiner Person bedacht sein, dem eine gewisse Distanz zugeschrieben werden sollte. Man mag feststellen: Das Geschlechtsverhältnis ist zum Genuss (*pleasure*) angelegt; im „Gebrauch" und „Nutzen" der Liebe (*love's use*) liegt der Schatz der Frauen (*their treasure*). Den himmlischen Gast und Beobachter des irdischen Treibens, der aus der Höhe das menschliche Geschehen beobachtet, sollte indes die himmlische Liebe seines „Engels" inspirieren und bewegen, und er sollte sich ihrer vergewissern, bevor er deren erneute „Nutzung" in Erwägung zieht.

Der verständige Leser mag nach all dem endlich hinter den Zeilen die Einladung zum Wiedereintritt ins Paradies vernommen haben, das jenseits der Identifikation mit der irdischen „Schattenwelt" auch auf Erden zu finden ist.

Die „Akzentuierung" der „objektiviert" dargestellten Manneskraft (*pricked*) mag verstanden sein, insofern aus Sicht der weiblichen 2 das männliche „Geschlecht" eben funktionalisiert und objektiviert erscheint. Dies entspricht zudem der betonten materialistischen Perspektive wie auch der geforderten Komplementierung angesichts der objektiv überwiegenden, fast sogar überwältigenden Quantität und Dominanz des Weiblichen. Allerdings geht es nicht um eine Entscheidung zugunsten einer Seite, der Vorstellung eines Sieges des „Supermannes" oder umgekehrt des Erfolges einer vor dessen Augen verführerisch „paradierenden Damenwelt", denn das Paradies, das nun einmal nur mit zwei ungleichen Protagonisten zu haben ist, die zugleich eintreten müssen, hat zweifellos ein zeitloses männlich-weibliches Gesicht.

In der „Aufrichtung" hin zu einem Mann (*A man*)[56] und der Entdeckung der weiblichen Schätze (*their treasure*) mag nun noch die verschlüsselte Forderung gelesen werden, als Mann auch gegenüber einer „Mehrzahl" von Frauen „standhaft" zu bleiben. Indem der „Mann" seine irdische und transzendente Identität erfährt, wird er zum „Adam", dem „ersten" Menschen; ihm wird zugleich die zweite Bedeutung seines Namens bewusst; er erfährt sich im *„man"* nicht nur als „Mann", sondern viel mehr und eigentlicher als „Mensch"; er ist somit vom Mann zum „Menschen" gereift.

Wir erkennen den dialektischen Bezug und gleichzeitig die Relativierung des vorausgehenden 19. Sonetts, das die unbedingte Bejahung, die vitale wie zugleich noch wilde Einheit der männlichen „Sonnenkraft" ins Zentrum rückte. Hier jedoch tritt die weibliche „Mehrzahl", die Natur, an die Seite des vordem noch grenzenlos individuellen, „absoluten" Willens, um einen „besänftigten" Mann zu „erschaffen".

Aus abstrakter Sicht begegnet der „Einzahl" die „Mehrzahl", gegenüber deren „massiver" Übermacht er sich zu bewähren hat. Gegenüber der männlichen Sonne tritt in

---

[56] Es ist mit „*A man*" aus weiblich-archetypischer Sicht eben lediglich „ein" Mann bezeichnet oder zumindest „ein Mann". Der „Mann" erscheint zugleich praktisch „objektiviert", während er sich im 19. Sonett noch mit „Löwenkrallen" und voller Vitalität (*lion's paws*) als unbedingtes „Subjekt" präsentierte.

dialektischer Folge der jetzt betonte weibliche Schatten „aktiv" und fordernd auf. Dem offenen „Himmel" und dem männlichen Ich zeigt sich das irdische „Himmelsbett", wo unser Adam im Leiblichen und damit im Umfeld der objektiven Vielzahl seinen Mann zu stehen hat. Es ist dies demnach nicht nur ein Kampf zwischen Natur und Geist, sondern auch zwischen Einheit und Vielfalt.

Ein Anflug von männlicher „Schwäche" gegenüber dem sich aufdrängenden „Mehr" an Weiblichkeit wäre zu guter Letzt nachvollziehbar und sogar eine „Flucht" nach oben in die himmlische Abstraktion etwa menschlich entschuldbar. Eine solche weibliche Herausforderung sollte jedoch von einem irdischen Mann bestanden werden. Den weiblichen „Schwächen" mag indes in einem anderen Sinne und aus gutem Grunde nachgegeben werden: Der in diesem Sonett sich anbietende, natürliche Schatten bietet dem Mann die Gelegenheit und Herausforderung, sich nicht nur stark wie ein Löwe, sondern auch liebevoll wie ein Engel zu erfahren.

Im 20. Sonett geht es in Absetzung zum 19. Sonett um eine dialektisch erweiterte Sicht: um die Begegnung des „natürlichen" Menschen (Mannes) mit seinem weiblichen Schatten, damit um seine „Selbsttranszendenz". Dabei ist die Verlagerung des himmlischen Schauplatzes auf die Erde gefordert, sozusagen dessen „Objektivierung". Schließlich geht es um die Herausforderung, als „Engel" im „Leiblichen" zu erscheinen oder umgekehrt als wahrer „Mensch" aus dem irdischen Bett heraus die erhoffte „Wiederauferstehung" als Engel zu feiern.

In keinem anderen Sonett begegnen sich „Frauen" und „Männer" derart zahlreich (8x), geradezu in promiskuöser Weise, jedoch treten besonders die „Frauen" (6x = 3 x 2)[57] im Spiegel der numerologischen Zuweisung signifikant „vermehrt" auf: So offenbart die Zahl **20** noch in diesem Sinne eine höhere Potenz der weiblichen Grundzahl **2**.

Schlüsselwörter

woman/women (6x)	Frau/Frauen
man/men (2x)	Mann/Männer
false (2x)	falsch
nature (2x)	Natur
hue/s (2x)	Farbton, Nuance, Gezeter
their/s (2x)	ihre (Mehrzahl)
addition/adding (2x)	Zusatz, addieren
master-mistress	Mann-Frau, *Engel*
controlling	kontrollierend
object/thing	Objekt, Ding
gilding	vergoldend
treasure	Schatz
pleasure	Genuss
passion	Leidenschaft
gentle	sanft, zart, vornehm

---

[57] Vgl. hier die zwei sich praktisch spiegelnden Dreiergruppen der menschlichen Trinität auf der Tarotkarte.

Merksatz

*The master-mistress is controlling all hues
and gilding the false nature of women and men
by adding one object and no-thing.*

Erdenkind und Himmelslicht

21. Sonett (*Kosmos und Weltordnung*)

So is it not with me as with that Muse,
Stirred by a painted beauty to his verse;
Who heaven itself for ornament doth use,
And every fair with his fair doth rehearse;
Making a couplement of proud compare,
With sun and moon, with earth and sea's rich gems,
With April's first-born flowers, and all things rare;
That heaven's air in this huge rondure hems.
O let me, true in love, but truly write,
And then believe me, my love is as fair
As any mother's child, though not so bright
As those gold candles fixed in heaven's air:
   Let them say more that like of hear-say well;
   I will not praise that purpose not to sell.

Tarot

Die Welt **21. Sonett**

Nicht jene Muse hab' ich mir erwählt,
Die aus gemalten Reizen Lieder saugt,
Selbst nur zur Färbung braucht des Himmels Zelt,
In seine Schönheit alles Schöne taucht;
Die nur zusammenhäuft hochtrabende Vergleiche
Mit Sonn' und Mond, dem köstlichsten Gestein
In Erd' und See, mit Florens jüngstem Zweige,
Und was nur Seltnes hegt des Himmels Wölbung ein.
O laß mich, treu in Lieb', auch treu nur schreiben!
Dann glaube mir: so reizend ist mein Freund
Wie je ein Mutterkind, wenn er die goldnen Scheiben
Des Sternenplanes gleich nicht überscheint.
   Mehr sage, wer mit Worten abzuspeisen:
    Ich, der ich nichts verkaufe, mag nichts preisen.

Moral und Motto
Die Welt ist ein Spiegelbild des Kosmos. Dieser schenkt demjenigen die Erfüllung, der in seiner ewigen Ordnung wirkt, in welcher der Einzelne seinen bestimmten Platz hat. Am richtigen Ort und zur richtigen Zeit offenbart sich der ihrer selbst bewussten Seele eine himmlische Vision. Das „Ich" spiegelt und verklärt sich im Himmelslicht.

Schlüsselbegriffe
Erfüllung, Vollendung, kosmisches Bewusstsein, Weltraum, Ankunft am Ziel, Berufung, Diaphanie, Vision, Himmlisches im Spiegel des Irdischen, Abrundung, „am richtigen Ort zur richtigen Zeit", Verwirklichung, Lobpreisung, Abschluss.

Bedeutung

Welt, Weltraum und Weltordnung werden einmal mehr als ausgemessen und vollendet befunden. Die Eckpunkte des himmlischen Tierkreises, die vier *fixen*[58] Tierkreiszeichen, erscheinen in diesem „Kosmos" als die grundlegenden Koordinaten. Das „irdische Paradies" und das „himmlische Paradies", das in der Transzendenz und Diaphanie der

---

[58] *Stier, Löwe, Skorpion* und *Wassermann* werden in Absetzung zu den „kardinalen" und „beweglichen" als „fixe" Tierkreiszeichen bezeichnet. Die Abfolge ist beim *Widder* beginnend jeweils: *kardinal* (führend) – *fix* (ordnend) – *beweglich* (verteilend).

„Welt" aufleuchtet, sind „wiedergefunden"[59] – so sei hier einmal mit der Tür ins Haus gefallen.

Das Sonett präsentiert gerade im Wissen um die vier „Himmelsecken" zugleich ein perfektes „Weltwissen", denn Mikrokosmos und Makrokosmos sind Analogien: *wie oben, so unten*. Mit dem „fixen Kreuz" sind dabei zugleich die Grenzen dessen aufgezeigt, was auf Erden wie im Licht kosmischer Diaphanie „Welt" und „Weltgrenzen" überhaupt nur bedeuten können. Die Kenntnis der am Himmel gespiegelten Koordinaten der sichtbaren Welt setzt als Rahmenbewusstsein allerdings ein kosmisches Wissen voraus, das eine erweiterte Kenntnis der Gesetze der äußeren und inneren Welt einschließt, insofern die astronomischen Koordinaten nicht nur in der Dunkelheit leuchtende Himmelspunkte sind, sondern aus esoterischer Sicht insbesondere auf die inneren Qualitäten der Tierkreiszeichen hinweisen.

„Die Welt" auf der Tarotkarte, in deren Mitte eine mit einem „Lorbeerkranz" (*rondure*) umgebene Frau abgebildet ist, deren Bedeutung für den Dichter als inspirierende Muse (*Muse*) vorstellbar sein sollte, ist also nicht nur ein Symbol der himmlischen wie irdischen „Weltordnung", sie deutet gleichzeitig auf den siegreich erfüllten Abschluss mit den hiesigen Geschatten, mit dem der Einzelne sich selbst im Karussell der Wandlungen zu reflektieren beginnt und sich

---

[59] Tatsächlich gibt es gemäß der Bibel nicht nur ein verlorenes Paradies, sondern auch ein wieder zu erlangendes.

ihm hinter dem irdischen Vorhang in der Transzendenz eine „Himmelsvision" offenbart. An den vier Eckpunkten der himmlischen Ordnung zeigt sich der Schnittpunkt von Welt und Kosmos beispielhaft, insofern die weltliche Ordnung die himmlische spiegelt wie auch die äußere Sternenwelt den inneren Himmel (*heaven*) des Menschen, der sich durch die Tierkreiszeichen verschlüsselt zu erkennen gibt.

„Kosmisches" Bewusstsein legt gleichwohl die Erfüllung weltlicher Pflichten nahe, wobei Lebenserfahrungen oft erst nach Abschluss und Vollendung „synoptisch" überschaut werden können. Die dichterische Muse (*Muse*) erscheint dann anmutsvoll, um die „Welt" inspirierend in Poesie (*poesey*) zu „transformieren", und definiert sich gerade im Blick auf die innere, himmlische Ordnung, deren Äquivalent im Äußeren als Ornament (*ornament*) sichtbar ist.

Die vier Himmelsrichtungen und damit zugleich die vier kosmischen Elemente, welche die Weltordnung „elementar" vertreten, sind die Embleme dieser Muse. Drei von ihnen erkennen wir bereits im folgenden Vers:

With <u>sun</u> and moon, with <u>earth</u> and <u>sea</u>'s rich gems,

Der riesige (*huge*) Himmel (*heaven* 3x), in dem das Abbild der Welt gleichsam in der Luft (*air* 2x) als viertes kosmisches Element aufgehängt erscheint, ist der Rahmen dieser höheren Muse (*Muse*), die alles irdische Geschehen und Handeln befruchten könnte. Das alltägliche Bild der „Welt" gleicht indes oft eher einem Jahrmarkt (*fair* 3x), auf dem jeder seine Ware preist und wohl auch preisen muss, um sie dort als fehlenden Mosaikstein zum eigenen und fremden Nutzen verkaufen (*sell*) zu können.

Die vier *fixen* (*fixed*) Tierkreiszeichen, die vier „soliden" „Eckpunkte" des festen himmlischen „Firmaments", die entsprechende Qualitäten der inneren Welt vertreten, bilden am Himmel ein astrologisches Kreuz.[60] Es sind dies *Stier*, *Adler*,[61] *Löwe* und *Engel*.[62] Damit erscheinen die vier kosmischen Elemente präsentiert, die sich solcherweise im Sonett wiederfinden:

sun (Feuer=Löwe), air (Luft=Wassermann)
earth (Erde=Stier), sea (Wasser=Skorpion).

Die Liebe des Sprechers zu Fairness (*fair* 3x),[63] Gerechtigkeit, Maß und menschlichem Anstand, offenbart sich als persönliche wie zugleich universal-menschliche:

... my love is as fair,
as any mother's child, ...

---

[60] In der Abfolge der 12 Tierkreiszeichen ist jedes dritte ein *fixes*.
[61] Der Adler erscheint aus astrologischer Sicht mitunter als eine himmlische Analogie zum Tierkreiszeichen *Skorpion* und vertritt dann das in der Dunkelheit lauernde und gefährliche Tier in seiner erlösten, himmlischen Form.
[62] Der „Engel" verweist sozusagen als himmlischer „Geistbringer" auf das Tierkreiszeichen *Wassermann*.
[63] Der Begriff „*fair*" mag im Rahmen dieses Sonetts zudem noch auf Schönheit, Angemessenheit und Entsprechung hindeuten.

Durchaus bedacht erscheint daher die Bescheidenheit des Sprechers:

*… though not so bright
as those gold candles fixed in heaven's air.*

Es ist ihm nämlich bewusst, dass er von diesen am Firmament fixierten „Lichtern" (*fixed in heaven's air*), den exemplarischen vier *fixen* „Tierkreisbildern", mit den viel dürftigeren, irdischen Wachskerzen (*candles*) nur kleinere Entsprechungen, nicht aber die am Himmel leuchtenden Originale selbst der Welt und den Menschen im irdischen Handel anbieten könnte.

Dieser Himmel ist jedoch noch in einem weiteren Sinne ein innerer: Nach esoterischem Verständnis verweisen diese vier riesigen „Lichter", die gleichsam das „Firmament" des Himmels tragenden „Säulen", zugleich mit der Symbolik der „Kerzen" auf die vier Evangelien, den apostolischen Auftrag und damit auf die Heilsbotschaft des Christentums in der Nachfolge und Verkörperung durch die vier Evangelisten: *Markus* (*Löwe*), *Lukas* (*Stier*), *Johannes* (*Adler*), *Matthäus* (*Wassermann*).[64] Über die Zeiten hin leuchten nun diese himmlischen „Kerzen" als Stellvertreter in kirchlichen

---

[64] Die Bezeichnung „*Wassermann*" ist etwas irreführend; es geht im kosmischen Element *Luft* vielmehr um den (luftigen) Geist. Der „*Wassermann*" befruchtet die Welt mit einem neuen Licht und dem lebendigen „Lebenswasser" des himmlischen Geistes.

Gebäuden, als menschliche, innere Lichter in den allerdings noch relativ dunklen Räumen des irdischen Evangeliums.

Während der Sprecher es am Ende mit einem Hinweis auf den höheren Auftrag der Evangelisten bewenden lässt (*Let them say more* ...), bescheidet er selbst sich mit seiner Berufung und weltlichen Arbeitsstelle als Dichter, wo er im Verborgenen und doch zugleich offenbar in gleicher Weise den Auftrag der Preisung (*praise*) verfolgt. Dabei ist ihm als Erdenkind bewusst, dass das, was er aus höherer Sicht zu preisen hätte, nämlich die Himmelsordnung und seine an ihr „festgemachte" Dichtung, wesentlich „unverkäuflich" ist.

Aber in der Welt wie besonders auf einer „Messe" (*fair*) sollte doch ersatzweise und stellvertretend der Grundsatz des fairen (*fair*) Handels und Tauschens gelten, denn nach weltlichem und ökonomischem Verständnis herrscht auf Erden das Prinzip und die Notwendigkeit des „Verkaufens" (*sell*). Während auf den Märkten dieser Welt der „Wert" jedoch hauptsächlich durch das Geld festgelegt wird, trifft dies für die inneren, astrologisch bestimmten Qualitäten, die wie die Tierkreiszeichen im Wandel begriffen und zugleich unbezahlbar sind, nicht in derselben Weise zu.

Die Idee des „Handels" impliziert gleichwohl noch einen weiteren Aspekt: Etwas wird weggegeben, um etwas anderes dafür zu bekommen. Altes wird verkauft, Neues eingekauft und dazugewonnen. Das Sonett deutet somit auch auf den jedem Handel zukommenden Veränderungswert hin, der selbst noch in einer statisch vorgestellten Weltordnung wirkt. Der astrologische Tierkreis vertritt in analoger Weise sowohl eine fest stehende kosmische Ordnung als auch den ständigen (fest stehenden) Wandel, einen immanenten Doppelaspekt, der in der Abfolge der Tierkreiszeichen am Himmel und im Jahresverlauf sichtbar wird. In der weiteren Abstraktion erkennen wir damit eine Kopplung von *Statik* und *Bewegung* sowie *Permanenz* und *Wandlung*.

Indem das Sonett eine perfekte seelische Erfüllung des „Erdenkindes" (*child*) unter einem kosmischen Firmament aufzeigt, thematisiert es die perfekte innere und äußere Weltordnung wie zugleich die Weltüberschreitung, die himmlische Ordnung und deren Immanenz im Irdischen. Dabei werden zwei weitere Aspekte deutlich: *Vollendung* und *Selbstbescheidung*.

Die ellipsenförmige Umschließung der „Frau Welt" mit einem Lorbeerkranz, der endlich auch den Dichter, seine ewige Muse sowie die Quelle seiner poetischen Inspiration „umkränzen" möchte, lässt sich hier als analoge Abrundung (*rondure*) des Himmels erahnen. Der Autor weiß sich als Dichter am richtigen Ort, im bestmöglichen Auftrag und von einer himmlischen Ordnung gesegnet; es ergäbe sich schon deshalb kein Grund, irgendetwas als Ware „verkaufen" (*sell*) zu wollen oder künstlich „preisen" zu müssen.

Heaven (3x), *fair* (3x), *true/ly* (2x) und *air* (2x) legen nicht zuletzt die zugrunde liegende Vision eines schönen, wahren und runden Himmels nahe, der hier endlich seine Tore für das menschliche „Himmelskind" geöffnet hat.

Die vier kosmischen Elemente konstituieren letztlich die elementaren Baustoffe der transzendenten und immanenten

Wirklichkeit des ungeteilten „Logos", in dem Essenz und Form wie Ewigkeit und Wandel aufgehoben erscheinen.

Schlüsselwörter

heaven (3x)	(innerer) Himmel
fair (3x)	schön, angemessen, ebenmäßig
true/ly (2x)	wahr
air (2x)	Luft
rondure	Rundung
huge	riesig
bright	hell
ornament	Schmuck
earth	Erde
sun	Sonne (Feuer)
sea	Weltmeer, Ozean, Wasser
praise	preisen
fixed	befestigt, fest, dauerhaft

Merksatz

Those candles fixed in heaven's air
are my fair and true Muse
which I praise
and which is not to sell.

Aus den

Feuer-Sonetten

Cholerisches Temperament

Macht, Show und Regie

23. Sonett   *(Herrschaft und Führung)*

As an unperfect actor on the stage,
Who with his fear is put besides his part,
Or some fierce thing replete with too much rage,
Whose strength's abundance weakens his own heart;
So I, for fear of trust, forget to say
The perfect ceremony of love's rite,
And in mine own love's strength seem to decay,
O'ercharged with burthen of mine own love's might.
O let my books be then the eloquence
And dumb presagers of my speaking breast;
Who plead for love, and look for recompense,
More than that tongue that more hath more expressed.
   O learn to read what silent love hath writ;
   To hear with eyes belongs to love's fine wit.

Tarot

König der Stäbe **23. Sonett**

Wie auf der Bühn' ein ungeübter Held,
Wenn ihn die Furcht in seiner Rolle hindert,
Oder ein wild' Geschöpf, das Wut zu hitzig schwellt
Und übermächtig ihm die eigne Stärke mildert:
So vergess' es, zaghaft, auszusprechen,
Was von mir fordert Liebe Pflicht;
In eigner Liebe Macht schein' ich mich abzuschwächen,
Zu Boden drückt mein eigener Glut Gewicht.
O dann nimm meine Blick' als Redekünste
Und stumme Deuter der beredten Brust!
Die flehn um Lieb' und schmachten um Gewinnste
Mehr als ein Mund mit Worten je gewußt.
   Was Liebe schweigend schrieb, o lern' es lesen!
   Mit Augen hören ziemt der Liebe feinem Wesen.

Moral und Motto
Des Menschen Wille ist sein Königreich. Lebe wie ein König und präsentiere dich als ein solcher in und vor der Welt! Die dynamische, kraftvolle und positive Haltung sollte von Würde und Verantwortung begleitet sein und vom Gewinn des Publikums belohnt werden. Beherrsche besonders deine Rolle, verliere aber auch nicht das Schauspiel aus dem Auge!

Schlüsselbegriffe
Führungsanspruch, Handlungsmacht, Selbstbeherrschung, Herrschaft, Machtfülle, Selbstbewusstsein, Vorbildlichkeit, Beherrschung, Willenskraft, Selbstverwirklichung.

Bedeutung

Auf der Bühne (*stage*) des Lebens, auf der königlicher Reichtum und Überfluss (*abundance*) herrschen sollten, sind wir zu unserer Selbstverwirklichung aufgerufen, sollten selbst agierende Könige in unserem eigenen Reich sein und uns auch so darstellen: herrschaftlich, selbstbewusst und würdevoll, auch wenn wir unsere eigene Rolle in dem von einem höheren Geist (dem wahren Autor) konzipierten Schauspiel noch nicht perfekt auswendig gelernt haben sollten – was für Sterbliche auch kaum möglich wäre.

Wir agieren spielend (*actor*) vor dem großen Publikum, um diesem unser „beherrschtes" Selbst zu zeigen, das ein im

Geiste königliches ist. Die schöpferische Handlungsmacht[65] – in welcher Rolle sie auch eingebracht wird – ist uns zugeteilt, um sie zum Erfolg des Spiels beitragen zu lassen, sie mit Liebe für das Gesamte einzusetzen. Dabei geben wir unser Bestes und lassen auch andere Spieler, mithin andere Menschen, als Könige in ihren vorgesehenen Rollen gelten.

Dem äußeren Königreich sollte dabei ein inneres entsprechen und Macht (*might*) und Kraft (*strength* 2x) möchten durch die Liebe (*love* 6x) bestimmt und geleitet sein. Das himmlische Königreich offenbart sich mit der Eroberung des Publikums und der Einbeziehung anderer Spieler als innere Souveränität und Herrschaft über sich selbst. Dies schließt die Herrschaft über den äußeren gemeinen Menschen mit seinen Schwächen ein, die uns in den tausend Rollen des „Schauspiels" des Lebens begegnen und deren jede einzelne unsere besondere Aufmerksamkeit erfordert, um sie mit Vitalität und Leidenschaft zum Leben zu erwecken, zur Anschauung zu bringen und endlich als integrierte Bestandteile unseres inneren Königreiches und der persönlichen Machtexpansion zu erfahren. Dies alles fordert die vollständige Beherrschung des *Feuer* Elementes.

Aber männliche Handlungsmacht, Willensstärke und Selbstbewusstsein sind für sich allein wenig wert, würden sie nicht von der Liebe (*love* 6x) bestimmt sein, die in ihren vielfältigen menschlichen Formen begriffen und geschätzt

---

[65] Das Wort „*actor*" geht auf das lateinische *agere* zurück, was in bezeichnender Weise „tun" und „handeln" bedeutet.

werden will. Ebenso ist der maskuline Aspekt der Schöpfung (König) allein nicht perfekt ohne seinen Bezug in der Liebe, die Rücksicht, Umsicht und Voraussicht fordert. Gerade die Liebe insbesondere will gelernt sein (*learn*), wenn sich der einzelne Mensch als bewusster Spieler und Herrscher über sein Leben im Rahmen eines größeren Spielfeldes begreifen möchte. Auf der königlich-herrschaftlichen Ebene mag das grandiose Schauspiel des Lebens als eine „Liebeszeremonie" großartigen Stils verstanden werden, die dem Ansehen und der Ehre dient:

The perfect ceremony of love's rite,

Das Leben selbst ist eine Bühne – wie Shakespeare es an anderer Stelle treffend beschrieb – und die Menschen Schauspieler, die ihre Rollen durchaus mehr oder weniger gut spielen (*unperfect actor – perfect ceremony*). Besonders auf dem Höhepunkt persönlicher Machtentfaltung (König), wenn das Publikum auf die „Hauptfigur" des Stückes schaut, sollte sich der Schauspieler nicht in seiner eigenen Rolle verlieren, sondern zugleich das gesamte Spiel im Auge behalten, in dem er allerdings bewusst und mit ganzer Kraft teilzunehmen angehalten ist. Der perfekte Schauspieler und Schöpfer seiner selbst kennt nicht nur den eigenen Part (*part*), sondern ebenso das im Hintergrund wirkende und bestimmende Skript des gesamten Schauspiels.

Der *König des Feuers* herrscht dynamisch, weitsichtig, entschlossen und intuitiv, denn er trägt die ihm zugetragene

Verantwortung für die dramatische Handlungsfolge und den guten Ausgang des Spiels. Doch gerade in seiner Stärke und Macht (*strength* 2x, *might*) liegt eine Gefahr, denn sie könnten sein eigenes Herz (*own heart*), das Bewusstsein von Führungsauftrag und Einheit des Schauspiels des Lebens, bei Missbrauch und Übertreibungen schwächen:

Whose strength's abundance weakens his own heart;

O'ercharged with burthen of mine own love's might.

Wie wir es in den Sonetten gewöhnt sind, liefert uns Shakespeare zum dominanten Aspekt des Bildes den entsprechenden Schatten dazu. Der Schatten der Stärke und Macht ist einerseits negativ Furcht (*fear* 2x) sowie Zorn und Wildheit (*rage, fierce*), andererseits positiv als Desideratum die notwendige Rücksicht des Starken wie die Liebe selbst, mit der die königliche Handlungsmacht und das Spiel erfüllt werden sollten. Nach Maßgabe einer erweiternden wie auch begrenzenden Liebe kann zudem der einzelne Schauspieler als Herrscher über seine Rolle (selbst als König) nicht allein „perfekt" agieren, sondern erst das gesamte Schauspiel mit allen Nebenrollen vermag am Ende Einheit, Geschlossenheit und Vollendung zu garantieren.

Die Rolle für seine „Handlungen" lernt der Schauspieler schließlich nur, indem er im Buch der höheren „Vorschrift" und Liebe, dem Drehbuch innerer Inspiration, „anschaulich" liest und mit seinen „Augen" hört. Dies ist am Ende auch nur logisch, denn was nützen äußere Handlungsmacht, Kraft und Herrschaft, wenn sie nicht durch ein inneres Bild, eine Zielorientierung und ein Wissen um die schönen und ethischen Grenzen geleitet sein sollten:

> *O learn to read what silent love hath writ;*
> *To hear with eyes belongs to love's fine wit.*

Letztendlich geht es hier zudem wesentlich um eine „dramatische" Anschauung und Handlungsmaxime. Die Begriffe „*actor*" und „*stage*" markieren an dieser Stelle des Zyklus deutlich den Beginn der von Aktion und Intuition[66] – eine Kategorie innerer Eingebung und Anschauung – bestimmten Reihe der *Feuer*-Sonette, die das *naive cholerische* Temperament präsentieren.[67]

---

[66] Nach dem Psychologen C. G. Jung entsprechen die vier Temperamente vier unterschiedlichen Wahrnehmungsformen: Dem Element „Feuer" wird dabei die „Intuition" in Absetzung zum „Denken", „Fühlen" und „Empfinden" zugeordnet.

[67] Eine kategorische Betrachtung der vier Temperamente in diesem Sinne findet sich ebenso bei C. G. Jung. Hier wird zwischen den beiden sogenannten *naiven* Temperamenten *Feuer* und *Wasser* – *cholerisch* und *phlegmatisch* – und den beiden sogenannten *sentimentalen* Temperamenten *Luft* und *Erde* – *sanguinisch* und *melancholisch* – unterschieden.

Schlüsselwörter

love (6x)	Liebe
own (3x)	eigene/s
more (3x)	mehr
strength (2x)	Stärke
fear (2x)	Furcht
might	Macht
perfect/unperfect (2x)	vollkommen/unvollkommen
actor	Handelnder, Schauspieler
stage	Bühne
abundance	Überfluss
heart	Herz
breast	Brust
ceremony/rite	Zeremonie, Ritual

Merksatz

*Mine own love's strength and might
lead to abundance
as the unperfect actor forgets his fear
on the stage and learns
the rite and perfect ceremony of love.*

Ritter im Sturm und Drang

25. Sonett *(Ehre oder geteiltes Glück)*

Let those who are in favour with their stars,
Of public honour and proud titles boast,
Whilst I, whom fortune of such triumph bars,
Unlooked for joy in that I honour most.
Great princes' favourites their fair leaves spread
But as the marigold at the sun's eye;
And in themselves their pride lies buried,
For at a frown they in their glory die.
The painful warrior famoused for fight,
After a thousand victories once foiled,
Is of the book of honour razed quite,
And all the rest forgot for which he toiled:
   Then happy I that love and am beloved,
   Where I may not remove, nor be removed.

Tarot

Ritter der Stäbe **25. Sonett**

Laß, wem ein günstiges Gestirne tagt,
Mit öffentlicher Ehr' und Titeln prunken.
Ich, dem das Glück so hohen Glanz versagt,
Bin unbemerkt von andrer Ehrfurcht trunken.
Wie bunte Primeln an der Sonne Blick,
Entfalten Fürstengünstlinge die Blume,
Begraben in sich selbst ihr stolzes Glück;
Ein Schmollen tötet sie in ihrem Ruhme.
Der mühevolle Krieger, kampfbekannt,
Nach tausend Siegen einmal überwunden,
Ist aus dem Buch der Ehre wie verbannt,
Vergessen ganz die Früchte saurer Stunden:
    Darum wohl mir! Ich lieb' und bin geliebt,
    Wo's kein Verdrängen noch Verdrungenwerden gibt.

Moral und Motto

Kämpfe mit mutigem Einsatz für deine Ideale! Der Frieden und das Reich des Innern wollen ehrenvoll erobert sein. Ohne Engagement kein Preis, ohne Bewegung keine Ruhe.

Schlüsselbegriffe

Kampfgeist, Begeisterung, Mut, Einsatzbereitschaft, Eifer, Risikofreude, Ritterlichkeit, Sturm und Drang, Tapferkeit, Bewegung, Engagement, Idealismus, Ehre, Ungeduld.

Bedeutung

Die dem mit Feuereifer kämpfenden und nach Ruhm und Ehre strebenden „Ritter" (*warrior famoused for fight*) zukommenden Eigenschaften sind in diesem Sonett so zahlreich, dass sie über das Konzept keinen Zweifel lassen:

> *triumph, public honour, fortune,*
> *great princes, favourites, marigold,*
> *glory, thousand victories, pride.*

Fraglos geht es im Leben auch um Kampf, Gunst, Stolz, Ruhm und all jene Dinge, die das Rittertum auszeichneten, und der Sprecher widerspricht nur scheinbar und in gewisser Weise, wenn er diese Werte zugunsten der Ausgewogenheit und Innerlichkeit einer wechselseitigen

Liebe (*love/beloved*) in Frage stellt. Es ist nicht gering zu schätzen, was hinter jenen Begriffen eigentlich stehen sollte, sondern fraglich ist ihre äußere Verselbstständigung und eine damit mangelnde Deckung durch Inhalt.

Hingegen wollen aber besonders doch die inneren Äquivalente und Werte angesprochen sein, die eine für irgendetwas „brennende" Liebe überhaupt entstehen lassen. Nur diese könnten die nach außen projizierten Abbilder, die in der Realität nur zu oft eine fragwürdige Gestalt annehmen, übertreffen, ihnen den vor dem Auge der Liebe letztlich hohlen Zauber nehmen, sofern äußeres Verhalten und Gebaren nicht von innerer Wärme, Ehrbarkeit und Überzeugung getragen sein sollten. Damit ließe sich eine leidenschaftliche Liebe, für die der feurige „Ritter" aus wahrer Berufung eintritt, wenigstens noch erklären.

Der Mangel des weltlichen Eifers und der Ruhmsucht liegt also darin, dass hier lediglich nach dem äußeren Glanz geschielt wird, sie sich verselbstständigen und ihnen dann kein innerer Wert mehr entspricht. Dieser dynamische Ritter und Liebhaber ist also nicht grundsätzlich gegen Tapferkeit, Mut, Stolz, Ehre und all jene Tugenden, die besonders den verheißungsvollen Frühling und die Tatkraft des Menschen in seiner Sturm- und Drangzeit begleiten und das kosmische Element *Feuer* treffend präsentieren. Aber der Sprecher gibt zu bedenken, dass in der blinden Gefolgschaft entsprechender Ziele am Ende eine innere Leere zutage treten könnte, sofern solche wesentlich „männlichen" Ideale ohne mitfühlendes Gewahrsein ihres natürlichen Schattens rücksichtslos und einäugig verfolgt würden. Letztlich dürfte sie zudem ein unzureichender Maßstab der Weltlichkeit und Vergänglichkeit aushöhlen.

Betrachtet man die mittelalterlichen Kreuzzüge in ihrem überschießenden, aber doch einäugigen Eifer sowie deren Begleiterscheinungen, wird die Fragwürdigkeit hoher Ideale und übermäßiger „Leidenschaft" deutlich. Obwohl die mit glühenden Herzen „ausgerüsteten" „Kreuzritter" ihren persönlichen „Sternen" (*stars*) – die Muslime verehrten völlig andere – in Treue und mit Unbedingtheit folgten – genauer in unreflektierter Abhängigkeit und ohne Rücksicht auf Verluste –, waren sie letztendlich zum Scheitern verurteilt, weil ihnen das Verständnis von Kooperation, Resonanz und der Sinn für das soziale Miteinander fehlte. Wechselseitige Liebe existierte zudem nicht als ein notwendiges Implikat des vorherrschenden Minnebegriffs, sondern dieser forderte eher die einseitige Hingabe an eine einzige Dame, die solcherweise individuell und aus der Distanz geheiligt wurde und der analog zur christlichen Leidensgeschichte am Ende an Marias Stelle ein überaus vergängliches Opfer gebracht wurde, ein aus späterer Sicht allerdings zum Fetisch gewordenes Konzept.

Der Sprecher bezieht sich in der Schlusspointe des Sonetts also auf das, was Eifer überhaupt nur rechtfertigen könnte und Ziel und Lohn eines tapferen, ehrlichen und gegründeten Enthusiasmus sein sollte: wechselseitige Liebe, persönliche Treue und Glück (*happy*). Der ganze Rest mag dann getrost in Vergessenheit geraten (*the rest forgot*), wo

Liebe den Moment des Verweilens sucht und eine wenn auch kurze Ewigkeit als Preis der Mühen findet. Dieser wäre dann nicht mehr nur parteiisch von Aktion und Reaktion, Aggression und Passion, Gewinn und Verlust bestimmt, sondern würde ein reines, doppeltes Gewinnen jenseits durchaus sinnvoller Bewegung darstellen:

> *Then happy I that love and am beloved,*
> *Where I may not remove, nor be removed.*

Auch in diesem Sonett wird also am Ende der verdrängte Schatten des dominanten Aspekts aufgezeigt: eine in sich selbst ruhende, gerundete und erfüllte Liebe, die auf Sieg, Triumph, Ruhm und eitle Titel im entleerten Sinne verzichten kann. Der Schatten alles Strebens, des persönlichen Einsatzes wie der öffentlichen Ehre, ist ein glückliches und wesentliches Leben, in dem der eine sich vom anderen geliebt weiß und beide Partner eine sichere Heimat im Herzen des Geliebten erhalten haben, einen ewigen Ort dauerhafter Bleibe und Treue, der von dem Drang nach Veränderung, Kampf, Eroberung, Verdrängung und Außenprojektionen befreit wäre.

So könnte das Sonett als Mahnung betrachtet werden, dass Enthusiasmus, Handlungseifer und Leidenschaft eitel sind, sofern sie den Rückbezug zu ihrem ursprünglichen Motiv nicht mehr erkennen lassen, durch die Liebe nicht begründet sind, über ihr Ziel hinausschießen und am Ende doch zur ewig umkämpften Mitte zurückgeholt werden müssten, zum Inneren des Zyklons, dem Ort des Herzens und geteilten Triumphes, wo die Liebe nach kosmischer Bestimmung in Ewigkeit still und gleichmäßig brennt.

Wie schon das 23. Sonett thematisiert auch dieses einen Aspekt des *Feuer*-Elementes. Die Perspektive zielt auf dieser „personalen" Ebene im Vergleich der vier Personenkarten des Tarots aber nicht auf „Herrschaft" und „Beherrschung", sondern lediglich auf den persönlich angeforderten Einsatz der vom König gegebenen Handlungsvollmacht. Es ist somit der Grad der Würde, der *König* und *Ritter* unterscheidet.

Schlüsselwörter

honour (3x)	Ehre
proud/pride (2x)	Stolz
beloved/loved (2x)	Geliebter
remove/ed (2x)	entfernen, beseitigen
warrior	Krieger
titles	Titel
fortune	Reichtum, Glück
triumph	Triumph
glory	Ruhm
boast	prahlen, angeben
famoused	berühmt
fight	Kampf
victories	Siege

Merksatz

As a proud warrior of fortune
I fight for honour and glory,
but happy I am
to love and be loved
where I may not remove nor be removed.

Alles für den Sieg der Liebe

31. Sonett *(Wettkampf und Totalität)*

Thy bosom is endeared with all hearts,
Which I by lacking have supposed dead;
And there reigns love and all love's loving parts,
And all those friends which I thought buried.
How many a holy and obsequious tear
Hath dear religious love stolen from mine eye,
As interest of the dead, which now appear
But things removed, that hidden in thee lie!
Thou art the grave where buried love doth live,
Hung with the trophies of my lovers gone,
Who all their parts of me to thee did give;
That due of many now is thine alone:
   Their images I loved I view in thee,
    And thou (all they) hast all the all of me.

Tarot
5 Stäbe   **31. Sonett**

Die Herzen aller, die ich für begraben,
Weil sie mir fehlten, hielt, bereichern deine Brust.
Da wohnen Lieb' und alle Liebesgaben,
Und jeder Freund, den ich mir tot gewußt.
Wie manche heilige fromme Träne lernte
Mein Aug' aus treu andächt'ger Liebe weinen
Zum Zoll den Toten, die nun wie entfernte,
In dir verborgne Wesen mir erscheinen!
Lebend'ger Liebe Grab bist du erbaut,
Prangt mit Trophäen meiner toten Lieben,
Die all' ihr Teil an mir dir anvertraut:
Der vielen Gut, dir ist's allein verblieben.
   Die einst geliebten Bilder zeigst du mir,
    Und du, ihr Inbegriff, mein alles eignet dir.

Moral und Motto
Erst der Zusammenschluss aller Teile ermöglicht im Spiel des Lebens den totalen Sieg der Liebe, die alle Teilnehmer anfeuert und der alle dienen. Dabei kämpft jeder für sich und Gott schenkt allen die Liebe dazu. *Pars pro Toto* und *Toto pro Pars*. Alle verborgenen Kräfte und Mittel müssen für den Kampf und den vollen Einsatz mobilisiert werden. Gib alles für den Sieg der Liebe!

Schlüsselbegriffe
Totalität, Zusammenschluss, Kompetenz, Herausforderung, Kräftemessen, Wettstreit, Konkurrenz, Lebenskampf, Spiel, Mobilisierung, Koinzidenz, Pars pro Toto.

Bedeutung

Auch in diesem Sonett wird wieder ein Aspekt des aktiv bewegenden *Feuer*-Elementes thematisch, das hier im Rahmen der expansiven Mittelpunktzahl **5** zum Ausdruck kommt. Der Geliebte ist offenbar bei allen beliebt und vermag in seiner Brust alle Herzen an sich zu binden:

Thy bosom is endeared with all hearts,

Insofern schon das Geben (*give*) im Mittelpunkt steht, scheint auch das Prinzip zu gelten: Wer gibt, dem wird gegeben. Indem allerdings „alle" Herzen bei dem Geliebten ruhen, müssen sie dem Sprecher zwangsläufig zunächst fehlen (*lacking*). Während er bei sich Mangel empfindet, herrscht beim Geliebten umgekehrt Überfluss. So stellt sich beim Sprecher die Vorstellung „vermeintlich Toter" (*supposed dead*) ein, die er gleichwohl auf wunderbare Weise in der Brust (*bosom*) seines „Geliebten" gut aufgehoben und durchaus „lebendig" (*live*) weiß.

Es ließe sich damit ein starker Magnetismus vermuten, bei dem sich Leere (*lacking*) und Fülle gegenüber stehen, Ruhe und Sammlung das kontrastive Bild eines energischen Kampfes als hereinbrechenden „Sturm des Lebens" erahnen lassen, dessen Quelle und Potenzial allein beim Geliebten liegt, ein überaus zentralistisches Konzept. Dieser „allein" scheint demnach im Besitz des Schlüssels für das „Leben", die „Liebe" wie auch für die Wiederbelebung „vergangener" Freundschaften zu sein:

And all those friends which I thought buried.

Die Hinwendung zum Herz des Geliebten (*thy bosom*) als „Mittelpunkt" des Lebens und der Liebe gleicht jener zu einer (all)umfassenden Liebe (*all hearts*), mit der zugleich alte, in Vergessenheit geratene Freundschaften (*friends*) wieder „erweckt" werden können. Die Bewegung mag so von den „leblosen" Erinnerungen (*I loved*) in die Gegenwart (*I view*, *now* 2x) führen, die sich hier erneuern, stärken und erfüllen. Die Totenruhe (*grave*), eine Folge des „Vergessens" vergangener Allianzen, kann gerade durch die Liebe zu dem „Einen" *(thine alone)* aufgehoben oder aufgebrochen werden. Diese mag daher als Summe und „Sammelpunkt" aller „vergangenen" Liebschaften verstanden werden, wo Trophäen (*trophies*)[68] den „Sieg" über das Grab (*grave*) auf dem Kampfplatz zwischen Leben (*live*) und Tod (*dead* 2x) in Aussicht stellen und Anstrengungen belohnen möchten.

Das Zentrum einer als organisch verstandenen Liebe, die eine „Ganzheit" (*holy*) im religiösen Sinne (*religious love*) meint und zugleich gegenwärtige Anschauung (*I view*) wie Vergangenheit (*I loved*) umfasst, ist für jeden Einzelnen im symbolischen Sinne das menschliche Herz (*hearts*),[69] das als vitales „Kernorgan" die notwendige Antriebskraft für den Lebenskampf und die lebendige Einheit sichert.

Das „Herz" gilt auf menschlicher Ebene als Quelle und Herberge der Liebe. So erscheint der Wortstamm *love* (7x) nicht zufällig einschließlich Abwandlungen sieben Mal.[70] Zusammen mit *all* (7x), das gleich oft auftritt, offenbaren sich damit schon aufgrund der symmetrischen Frequenz die

---

[68] Der Begriff „*trophies*" zeigt, dass es um Sieg und Gewinn geht, seien jene im Spiel oder im realen Existenzkampf errungen. Im Weiteren ergibt sich die Forderung der Aktualisierung aller Kräfte zugunsten des gesamten Organismus und für den Sieg der Liebe.

[69] Die Pluralform „*hearts*" demonstriert praktisch die Konvergenz von Einheit und Pluralität.

[70] Die Zahl 7 gilt als heilige Zahl. Die sieben (alten) Planetengötter einschließlich der Sonne und des Mondes bestimmen auch heute noch die Namen der Wochentage und damit die alltägliche Arena des Menschen.

beiden bestimmenden Begriffe, die die folgende Botschaft vermitteln: *All (is) love*. Ähnlich klingt dies im letzten Vers:

And thou (all they) hast all the all of me.

Deutlich wird also auf die „ganze Liebe" verwiesen oder aber gesagt, dass „alles" Liebe sei, mithin auch dass Liebe „überall" sei. Dabei möchten wir noch eine Lesart ergänzen: Wenn „alles" „präsent" ist und „alle" da sind, gleichsam aus dem Schlaf geweckt und endlich zur zentralen Kampfstelle erschienen, und nicht nur „Teile", dann ist dort in der Folge auch Liebe. Dies würde wiederum nichts weniger bedeuten, als dass das Erscheinen der Liebe als Totalität auf alle ihre Teile angewiesen ist und nur deren „Zusammenwirken" den totalen Begriff „Liebe" zu rechtfertigen vermag.

Doch werfen wir einen weiteren Blick auf die kosmische Analogie: Der Sonnengott *Apoll* ist der totalitäre Souverän des menschlichen Kosmos, die Sonne ist das Zentrum des Planetensystems und der Mittelpunkt der um sie kreisenden Vasallen der planetaren Gottheiten; sie ist die schöpferische Macht, die jeden Teil ihres mit ihr in Einklang verbundenen Herrschaftsbereiches mit Licht und Energie versorgt.

Analog sind im Mikrokosmos die menschlichen Herzen (*hearts*) als „kleine" Sonnen und Kraftwerke zu verstehen, welche die abhängigen Organe des Organismus mit Leben versorgen. Die Sonne wie das Herz sind allerdings auf das Mitwirken ihrer planetaren „Vasallen" und Partnerorgane angewiesen, die alle jeweils ihren notwendigen Part für das

Gesamte spielen müssen. Wenn nur einer der Götter oder menschlichen Organe ausfallen würde, wäre der Untergang aller nahe, gleichsam das Ende des totalen Spiels „Leben".

Schauen wir auf den „Kampf- und Spielplatz", den das Bild der Tarotkarte aufzeigt. Jedem für sich „souveränen" Einzelkämpfer in dem herausfordernden Spiel um Gewinn und Verlust muss es um den „totalen" Einsatz aller Kräfte und Mittel gehen, um sich der Herrschaft (*reigns*) über sich selbst zu vergewissern, aber auch der Beherrschung und Integration der anderen „freundschaftlichen" Kräfte. Jeder Kämpfer sollte dabei, wenn es auch nur im Spiel sein mag, alles und sein Bestes geben: Und dies ist letztendlich die uneingeschränkte Liebe zu sich selbst und zum gesamten „Spiel", in dem die Liebe als eine Herausforderung auftritt.

Aus anderer Sicht geht es intern um den Einsatz und das „Zusammenhalten" aller Kräfte des „sonnenähnlichen" „Egos" sowie um die Einbindung wiederum dieser totalen, individuellen Einheit in ein noch größeres Ego-System und Herrschaftszentrum: die Sonne und damit die Liebe.

Ohne die quasi „religiöse" Rückbindung der planetaren „Vasallen" und menschlichen „Organe" an ihre Quelle, im Makrokosmos die Sonne, die ihren symbolischen Sitz in den menschlichen Herzen (*hearts*) und in der Brust (*bosom*) hat, blieben die einzelnen Teile selbst ohne Liebe, Licht, Leben und Bewusstsein. Die „freundschaftliche" Anbindung an das „Zentrum" ist also für das Wohl des Einzelnen sowie des Gesamten unverzichtbar.

Der Sonnengott steht für eine „absolute" Herrschaft, die Tag und Nacht, Licht und Schatten, zu vereinen vermag; im Kosmos wie im menschlichen Herzen regiert (*reigns*) er als vitalisierende Macht, schon insofern er den zyklischen Schatten auf der Erde, eine „vermeintlich" überholte und begrabene Vergangenheit, stets mit neuem Licht und ewiger Kraft zum Leben in der Gegenwart zu erwecken versteht.

In der Synopsis erscheint also das Verhältnis zwischen der Einheit (*all* 7x) und ihren Teilen (*parts* 2x) im doppelten Sinne thematisch: zum einen als die Liebe der Teile zum Gesamten, zum anderen als die Liebe des Gesamten zu den Teilen. Die Grundaussage ist damit bestimmt: Nur in Bezug auf das Gesamte und mit Einsatz aller untergeordneten (*obsequious*) Teile sind „heilige" Vollendung, Einklang und vitaler Erfolg zu erwarten. Dies mag sich sowohl auf die „Organisation" des Individuums und Egos als Einheit wie ebenso auf das Zusammenwirken Einzelner in einer organisierten Gesamtheit beziehen. Damit ergibt sich eine Gegenüberstellung zweier komplementärer Prinzipien, die etwa als „Unterordnung" – nicht pejorativ „Unterwürfigkeit" – und „Überordnung" bezeichnet werden könnten.

Die Liebe macht vollständig, heil und heilig (*holy*); sie überwindet persönliche Grenzen und sogar den Tod – besonders den des mächtigen „Egos". Letztlich erwirkt sie durch die „Rückbindung" (*religious*) an den Ursprung und die Einheit die Begegnung von Lebenden und Toten, die Überwindung der Vergangenheit und die Auferstehung des Verdrängten in der Gegenwart (*now* 2x). Dabei bringt sie das bislang noch im Schatten Verborgene (*hidden*), also auch unbekannte und noch nicht entwickelte Fähigkeiten, ans Licht. Dasselbe gilt allerdings in ähnlicher Weise für einen belebenden, „freundschaftlichen" Wettkampf.

Im bestimmenden Bild der „Liebe zum einzig Geliebten" erscheint die Erinnerung an „alle" vordem geschätzten Freunde „gegenwärtig". Totale Liebe und Hingabe wie auch Wettkampf und Wettbewerb zielen dabei nicht zuletzt auf die Begegnung und Ergänzung von einem „Ich" und „Du", wie es im Couplet (*thee* 2x – *me* 2x) anklingt. Aus der Perspektive der Tarotkarte könnten wir nun allerdings auch von dem Ego und seiner Peripherie aus anderen Egos sprechen: dem Ich und seinem persönlichen Umfeld und „Lebenskreis". Eine vollständige und in sich gerundete Liebe fordert letztlich Teilhabe, Zusammenwirken und Integration aller Kräfte, die Hingabe der komplexen Person (oder aller Personen) mit all ihren Fähigkeiten an die Einheit, den geschlossenen Kreis, den Geliebten: die *Liebe* selbst.

Die Grundanschauung dieses Sonetts mag dann etwa so zusammengefasst werden, dass alles Leben und die Liebe ihren Ursprung in der Sonnenähnlichkeit des Menschen haben. Die Sonne stünde dabei für die Einheit, die Macht und den Ursprung des Lebens, das in sich, obgleich die einzelnen Teilbereiche oft in Feindschaft gegeneinander zu wirken und zu kämpfen scheinen, doch eine organische und von oben gesegnete, heilige Gesamtheit (*holy*) abbildet, im besten Fall eine Trinität von Geist (*religious*), seelischem Streben (*love*) und vitaler Körperlichkeit (*bosom*).

Die Zahl **5** verweist aus numerologischer Sicht, insofern sich hier gleichsam die Zahlen **2** und **3** gegenüberstehen, im Bild des Pentagramms auf den „goldenen Schnitt", damit auf den kreativen, symmetrischen inneren und äußeren Geist, auf die Vermittlung von Gegensatz und Synthese.

In diesem Sinne ist auch zu verstehen, dass in der menschlichen Gemeinschaft im schöpferischen Wettbewerb Individuen und Einzelinteressen scheinbar gegeneinander kämpfen und zugleich füreinander notwendige Ergänzung sind. Die Spiegelung des komplexen Sonnensystems im menschlichen Mikrokosmos möchte dies wohl als ein Ideal suggerieren. Der kosmische Vergleich mag endlich zu einem Plädoyer für die kreative Koinzidenz von „Pluralität" und „Einheit" sowie „Partizipation" und „Totalität" führen.

Darüber hinaus ist insbesondere eine „Totalität" des Lebens angesprochen, die im Rahmen des *Feuer*-Elementes die Mobilisierung, hierarchische Einordnung (*obsequious*) und Bündelung der vitalen Ressourcen zum Erreichen eines höheren, umfassenderen, gemeinsamen Sieges fordert, der nur durch das Vertrauen in die höhere Einheit und die Liebe selbst erzielt werden kann, die Liebe des Ichs zum Gesamten und die Ausrichtung des Einzelnen zu seinem Mittelpunkt.

Aus existenziell-psychologischer Sicht könnten damit auch „Organisation", „Wettbewerb", „Interessenvielfalt" und „Integration" als Aspekte eines kompetenzorientierten und dynamischen „Spielraums" in der Fülle des Lebens und Lebenskampfes verstanden werden, in dem alle Teilkräfte gegeneinander oder miteinander zum Leben drängen.

Schlüsselwörter

Licht

love/ing (7x)	Liebe, liebend
all (7x)	alles
now (2x)	jetzt
hearts	Herzen
religious	religiös
holy	heilig
bosom	Brust

Schatten

dead (2x)	tot
buried (2x)	begraben
parts (2x)	Teile
grave	Grab
obsequious	unterwürfig
lacking	fehlend

Merksatz

Loving all hearts and all buried parts
I view now: All is holy and religious love.

36. Sonett

Work-out und Respekt
(*Selbstverpflichtung zur Leistung*)

Let me confess that we two must be twain,
Although our undivided loves are one:
So shall those blots that do with me remain,
Without thy help, by me be borne alone.
In our two loves there is but one respect,
Though in our lives a separable spite,
Which though it alter not love's sole effect,
Yet doth it steal sweet hours from love's delight.
I may not evermore acknowledge thee,
Lest my bewailed guilt should do thee shame;
Nor thou with public kindness honour me,
Unless thou take that honour from thy name:
   But do not so; I love thee in such sort,
   As thou being mine, mine is the good report.

Tarot

10 Stäbe

36. Sonett

Gesteh' ich's nur: gesondert bleiben wir,
Wie auch unteilbar unsre Herzen schlagen.
So kann ich ohne Hülfe dann von dir
Die Flecken meines eignen Wesens tragen.
In unsern Herzen ist nur ein Gefühl,
In unsern Leben zwistiger Verdruß:
Zwar irrt er nicht der Liebe reines Ziel,
Doch süße Stunden raubt er dem Genuß.
Nicht überall darf ich mich zu dir kehren,
Wo mein beweint Vergehn dir Schmach zu bringen schien;
Noch du mit öffentlicher Gunst mich ehren,
Willst du nicht deinem Namen Ehr' entziehn.
   Doch, tu' es nicht! Ich halte so dich wert,
     Daß, wie du selbst, mein auch dein Ruf gehört.

Moral und Motto
Das Individuum wächst mit seiner Selbstverpflichtung, die ehrt und beschwert. Die geschuldete Leistungsbereitschaft sollte allerdings nicht zu Unterdrückung, Absonderung und Klagen führen. Die eigenen Kräfte sind vielmehr konsequent und konzentriert für ein öffentliches, gesellschaftliches Ziel zu nutzen, um damit sowohl sich selbst als auch der Liebe Ehre, Ansehen und Respekt zu verschaffen.

Schlüsselbegriffe
Selbstverpflichtung, Leistungsbereitschaft, Eigenmotivation, Arbeitswut, Work-out, Respektabilität, Ehrbarkeit, Ansehen, Belastbarkeit, Autorität, Selbstverantwortung, Frondienst.

Bedeutung

Der Zugang zu diesem Sonett erfolgt hier *via negativa*, insofern nicht die Vorstellung der Einheit der Liebenden am Anfang steht, sondern die Betonung auf der Zweiheit (*two* 2x, *twain*) und Trennung (*separable*) liegt.

Die Einsicht in eine „existenzielle" Teilung gleicht dabei einem Geständnis (*confess*), das eine subjektive Schwäche, einen Makel oder sogar Fehler (*blots*) einräumt. Zugleich deuten sich Notwendigkeit und Verpflichtung (*must*) an.

Ungeachtet jeweils individuell unterschiedlicher Mühen (*separable spite*) und trotz entgangener Liebesstunden (*Yet doth it steal sweet hours from love's delight*) wird die Qualität der Liebe dennoch selbst als unteilbar (*undivided*) gewertet. Dabei handelt es sich in bedeutsamer Weise um zwei „eigenständige" „Lieben" (*loves* 2x), ein reifes Konzept wechselseitiger Verantwortung und Verpflichtung:

> *Let me confess that we two must be twain,*
> *Although our undivided loves are one:*

Der Gedanke ist jedoch leicht in der Alltagswirklichkeit nachzuvollziehen: Jeder Mensch lebt sein eigenes, ihm vom Schicksal oder der Gesellschaft auferlegtes und besonders der persönlichen Arbeitsverpflichtung gewidmetes Leben mit persönlichen Aufgaben und öffentlichen (*public*) Verantwortlichkeiten, die den Einzelnen zuweilen auch vereinnahmen. Dies ändert an der Liebe zum Geliebten gleichwohl nichts, sondern stärkt und gründet die Liebe vielmehr, insofern beide Partner in ihrer Liebe und im Rahmen ihrer Verantwortung unabhängig und stark bleiben. Der „erwachsene" Mensch „muss" tatsächlich allein tätig und selbstständig sein, um für sich und andere als eine in sich ruhende Person überhaupt etwas leisten zu können. Die gesellschaftlich notwendige Trennung – insbesondere als Arbeitsteilung – bedeutet daher auch keine Zerteilung der Liebe (*undivided loves*), sondern ist vielmehr selbst die Grundbedingung einer ehrbaren Liebe, die nicht auf Hilfsbedürftigkeit (*without thy help*), Abhängigkeit oder Schwächen (*blots*) beruht oder sich hierauf ausruht. Es sollte das „Schuldige" getan, Schuld beglichen, aber kein „Schuldbewusstsein" kultiviert werden (*bewailed guilt*).

Jeder Mensch trägt eine eigene Verantwortung, wird allein geboren (*borne alone*) und hat seine persönlichen Widrigkeiten zu meistern (*separable spite*). Gleichwohl vereint die gleichsam gesellschaftlich „objektiviert" und getrennt auftretenden Liebenden, die zwei „Lieben" (*loves*), im öffentlichen Rahmen etwas Ehrenwertes: zum einen die gemeinsam getragene Rücksicht (*one respect*), zum anderen der äußere „Erfolg" (*love's sole effect)*[71] als ein aus der Liebe geborenes, gemeinsam „geteiltes" oder gemeinsames „Ziel".

Das Leben erwachsener und verantwortungsbewusster Gesellschaftsmitglieder sollte zweifellos von wechselseitiger Rücksicht und Respekt (*respect*) bestimmt sein, wobei die Anerkennung (*acknowlege*) eigener Leistungen und Lasten sowie persönlicher Schwachstellen (*blots*) die Ehre (*honour* 2x) und Autorität des Einzelnen gerade nicht untergräbt und verletzt, sondern sie vielmehr absichert.

Arbeit und persönliche Einbindungen mindern zwar die Anzahl gemeinsamer Liebesstunden, nicht aber die Wirkung und den Gewinn der Liebe selbst (*sole effect*):

> *Which though it alter not love's sole effect,*
> *Yet doth it steal sweet hours from love's delight.*

---

[71] Der Begriff *effect* (lat. *e-facere*) bedeutet aus etymologischer Sicht: *heraustun, hervortun, erfolgen*. „Erfolg" ließe sich sodann als (öffentlicher) „Output" des persönlichen Einsatzes verstehen.

Die Schuld (*guilt*) vor den Augen der Öffentlichkeit hat zudem ihre Wurzel in einer Verpflichtung und Schuldigkeit gegenüber dem Gemeinsinn und gesellschaftlichen Stand, wo der Name (*name*) des Einzelnen auch den persönlichen Ruf und das Ansehen des „anderen" (lat. *alter* = der andere) nicht „ändert" (*alter*), sondern absichert, die nicht befleckt (*blots*) werden und in Schande (*shame*) geraten sollten.

Wechselseitige Ehrerbietung und Anerkennung könnten jedoch zu weit getrieben werden, wenn die eingegangene Verpflichtung den Rahmen der Person und Verantwortung sowie die angemessene und gebotene Zurückhaltung in der Liebe überschreitet, mithin der eine vor dem anderen in den Boden zu versinken droht:

> *I may not evermore acknowledge thee,*
> *Lest my bewailed guilt should do thee shame;*

Die doppelte Verantwortlichkeit ergänzt das Konzept einer unabhängig für sich stehenden Selbstverantwortung in einem lediglich selbstbezüglichen, „persönlichen" Umfeld, denn Ehre und Name wirken bei Respekt und reziproker „Verschuldung" (*guilt*) in die Sphäre des anderen hinein; Gelingen und Versagen fallen auf das „Alter Ego" zurück. Umgekehrt ist die Treue zu einem respektierlichen Partner der Garant für das eigene gute Ansehen:

> *As thou being mine, mine is thy good report.*

Der Plot des Sonetts ist dementsprechend folgender: Obwohl wir uns im gesellschaftlichen Auftreten aufgrund unserer verschiedenen Arbeiten und Verpflichtungen nicht zueinander bekennen dürfen, ist unsere gemeinsame, aber an getrennten und begrenzten Orten wirkende Liebe doch eine ungeteilte. Die Liebe selbst fordert sogar die zeitweilige Trennung und Aufteilung der Verantwortlichkeiten, weil sie ohne Erfüllung der sozialen und beruflichen „Nötigungen" keine stabile und ehrenvolle Grundlage hätte. Die Liebe ist hier allerdings als eine solche gedacht, die, sofern sie einmal getrennte Wege zu gehen und eigene Pflichten zu erfüllen fordert, doch wieder zum Geliebten, wo sie sich gründet und zugleich ihr gesellschaftliches Ziel hat, respektvoll und mit Anerkennung „zurückgetragen" (*report*) werden sollte.[72]

Dabei liegt in gewisser Weise der Gedanke des Kredits und der Schuldigkeit (*guilt*) nahe. Wie das zu verstehen ist, zeigt der Komplex *„love's sole effect"*: Die Liebe und die Sonne herrschen im menschlichen Kosmos „allein" und ungeteilt über „Licht und Schatten" und gebieten damit über zwei Hemisphären gleichzeitig. Gerade „hinter dem Rücken" und im Schatten der jeweils anderen Hälfte wird die

---

[72] Der Begriff „*report*" geht auf das lateinische „*reportare*" zurück, was „zurückbringen" oder „berichten" bedeutet. Im weiteren, übertragenen „beruflichen" Sinne wiederum ließe es sich etwas antiquiert mit „einen Report geben" übersetzen. Es soll in diesem Sinne praktisch eine Rechenschaft von der geleisteten Arbeit oder erfüllten Verantwortlichkeit erbracht werden.

geschuldete individuelle Arbeit geleistet, deren Erfolge und Früchte eine doppelte Bringe-Schuld darstellen.

Das Erfüllen der persönlichen Verantwortungen führt zu gegenseitigem Respekt, solange die „berufliche" Distanz zum gesellschaftlichen „Wirkungskreis" des anderen gewahrt bleibt und die eine Hälfte sich gegenüber der anderen gewissermaßen „zurückzuhalten" versteht und damit den Erfolg der beiden Teilverantwortlichkeiten und mithin auch den gemeinsamen absichert.

Bildlich erscheinen äußere Trennung und innere „Unterteilung" in den beiden gleichen, selbstbezüglichen, aber durch ein Komma getrennten besitzanzeigenden Pronomen: *mine, mine*. Die offenbare Separierung wird allerdings durch die gleiche „Identität" aufgehoben, insofern der zweite Teil jenseits der Trennung, der „strukturellen" Grenze, als das Eigene wiedererkannt werden kann.

Der Begriff „*report*" ist bemerkenswert, insofern er die „Kernhandlung" der *10 Stäbe* hier bildlich verdeutlicht. Die Forderung ergeht an das leistungsbereite Individuum, die eigene Verantwortung zu „tragen", die Energie zu „bündeln", zu optimieren und der entfernten Gesellschaft im Hinter- oder Vordergrund – je nach Standpunkt und im doppelten Sinne zu betrachten – „zurückzutragen", damit das dem „anderen" oder den „anderen", auch dem solcherweise „Geliebten", Geschuldete zu begleichen, wobei die volle „Bringeschuld" (alle *10 Stäbe* und die vollendete Reihe) als zusammengetragene Aufgabe von einem eigenständigen, selbsttätig wirkenden Mitglied „geschultert" wird.

Schlüsselwörter

Licht

love/s (5x)	Liebe, (ich) liebe
honour (2x)	Auszeichnung, ehren
one (2x)	ein
our (2x)	unser
mine (2x)	mein/e
respect	Rücksicht, Ansehen
acknowledge	anerkennen, zugeben
report	rückmelden, berichten
effect	Ergebnis, Erfolg

Schatten

two/twain (3x)	zwei, Zweiheit
spite	Boshaftigkeit, Groll
blots/shame	Schandfleck, Schande
guilt	Schuld

Merksatz

Two undivided loves and separable spite report one sole effect: our public honour and respect.

Aus den

Wasser-Sonetten

Phlegmatisches Temperament

Ein Ständchen für uns beide

39. Sonett (*Liebeskult und Minnedienst*)

O how thy worth with manners may I sing,
When thou art all the better part of me?
What can mine own praise to mine own self bring?
And what is't but mine own, when I praise thee?
Even for this let us divided live,
And our dear love lose name of single one,
That by this separation I may give
That due to thee, which thou deserv'st alone.
O absence, what a torment would'st thou prove,
Were it not thy sour leisure gave sweet leave
To entertain the time with thoughts of love,
Which time and thought so sweetly doth deceive,
   And that thou teachest how to make one twain,
   By praising him here, who doth hence remain.

Tarot

Ritter der Kelche **39. Sonett**

Wie mag ich sittsam denn von deinem Werte singen,
Wenn du der beßre Teil nur bist von mir?
Was kann mein Selbstlob mir für Ehre bringen?
Und ist's nicht Selbstlob, was ich lob' an dir?
Laß eben darum uns gesondert leben,
Laß zwei für eine treue Liebe sein;
So kann ich dir in dieser Trennung geben,
Was dir dem einzigen gebührt allein.
Entfernung, quälende! wie wär'st du trübe,
Wär' nicht der süße Trost in deiner sauern Frist:
Daß uns die Zeit entflieht in Sorgen zarter Liebe,
Die Zeit und Sorgen anmutvoll versüßt,
    Und lehrtest du nicht zwei aus einem werden,
    Daß der Verlaßne preise den Entbehrten.

Moral und Motto
Gib dich singend und preisend dem Gefühl der Liebe hin! Doch möchte zugleich der Verstand nicht fehlen, denn so fordern es eine gepflegte Kultur und der Liebesbrauch.

Schlüsselbegriffe
Romantik, Sehnsucht, Hingabe, Glaube, Liebesversprechen, Ferienzeit, Liebeslieder singen, Preisung, Minnedienst.

Bedeutung

Im Blickfeld hier steht keineswegs mehr das Tun oder drängende Leidenschaft, wie es die Gelassenheit des fast verträumt auf einem grauen Pferd sitzenden, romantischen „Ritters der Gefühle" ausdrückt, sondern vielmehr eine kultivierte und reflektierte Haltung (*thoughts of love*) in Angedenken einer „liebevollen" Liebe (*our dear love*), die Anstand und Manieren (*manners*) fordert. So hat es das Pferd des Ritters, das sich „gezähmt" oder sogar „dressiert" auf einen kleinen Fluss zubewegt, auch nicht eilig. Ein singendes (*sing*) Preisen (*praise/praising* 3x) ist in solcher Hinsicht auch nicht als eine ungezügelte Aktivität, sondern vielmehr als eine vom Innern und Ich ausgehende, in sich selbst ruhende und dabei einfühlende Hinwendung zum Geliebten zu verstehen, der sich vielleicht mit Blick auf die Tarotkarte „jenseits" des Flusses vorstellen ließe.

Der „subjektive" Lebensausdruck des „Singens" (*sing*) darf als eine vom Gefühl getragene Kommunikationsform verstanden werden. Dabei wird zumeist in anmutigen „Liedern" dem gepriesenen Geliebten ein (innerer) Wert (*worth*) zugesprochen, den es nicht durch besondere Aktion und äußerliche Demonstration, sondern vielmehr durch Mitgefühl, Hingabe und „Dienstbereitschaft" zu belegen gilt.

Die Sonette der *Kelch*-Sequenz, die wesentlich die „Gefühlsdimensionen" menschlicher Beziehungen ausloten, werden im Weiteren auch von den weiblichen Aspekten „Introversion" und „Grenzsetzung" bestimmt.[73] Nahegelegt sind damit in Absetzung zu einem betonten Individualismus – wie bei den männlichen Elementen *Feuer* und *Luft* – im „aufnehmenden" Element *Wasser* das Verständnis und die Wertschätzung einer gefühlten und zu erfühlenden „Einheit" – aus einer „integrativen" Haltung heraus.[74] Das weibliche Element *Wasser* kommt aus psychologischer Sicht nach der Typenlehre C. G. Jungs im *phlegmatischen* Temperament

---

[73] Grundsätzlich gelten die weiblichen Elemente als *introvertiert*, die männlichen als *extravertiert*. Während *Luft* und *Feuer* nach Ausdehnung streben, „begrenzen" *Wasser* und *Erde*.

[74] Das weibliche Element „*Wasser*" legt den Wunsch nach einer „Integration" getrennter Gefühlswelten nahe, weniger ein Streben nach zerteilender „Analyse". Zugleich bestimmt die Wahrnehmung der „Zweiheit", bezeichnend für eine weibliche Perspektive, die Reflexion des jeweils „anderen" und lässt gerade damit auch die Sehnsucht nach „Vereinigung" und „Einfühlung" erst aufkommen.

zum Ausdruck – hier allerdings nicht zu verwechseln mit dem *melancholischen*, das dem Element *Erde* zugeordnet wird und von der sinnlichen „Empfindung" bestimmt wird.

Der Sprecher vermag „einfühlend" den Geliebten sogar als den besseren Teil von sich selbst zu begreifen; ein Lob dieses anderen Teils käme somit geradezu einem Eigenlob gleich, wie in der inneren „Reflexion" entsprechend gefolgert werden kann. Aber paradoxerweise liegt doch ebenso die Tendenz zur narzisstischen Selbstbespiegelung und damit negativ zur Selbsttäuschung (*deceive*) nahe. Ungeachtet der im Element *Wasser* gleichsam „verwässerten" Manieren sollte allerdings ein wesentlich nach innen (*mine own* 3x) ausgerichteter Verstand den Idealtyp dieses einfühlsamen Sängers und Liebesdieners ebenso auszeichnen.

Die Sehnsucht nach einem „Zerfließen" und innerem Zusammenfließen der Subjekte und zweier „Gefühlsinhalte" setzt eine tatsächliche oder nur gefühlte Teilung (*divided, separation*) voraus – hier präsentiert sich der „Troubadour" entsprechend einsichtig und logisch. So gebiert gerade die Akzeptanz einer Zweiteilung (*twain*) den insofern dann auch dialektisch verständlichen Wunsch nach Vereinigung.

Da sich der Sprecher dem Geliebten über das Gefühl zu nähern versucht, jenem aber zugleich auch Individualität einräumen muss, um am Ende ihn zu loben und nicht „indirekt" sich selbst, zeigt er sich womöglich auch deswegen verständnis- und rücksichtsvoll, wenn er Teilung, Trennung und Abwesenheit (*divided, separation, absence*) *nolens volens* akzeptiert. Solche aufgezwungene „Freizeit" (*leisure*) könnte indes doch sauer (*sour*) werden lassen, wenn sie den Liebenden nicht zugleich mit den Gedanken an seine Liebe (*thoughts of love*) und damit eine vorgestellte Begegnung entschädigen würde. Auch somit erscheint praktisch durch die Grundbedingung des Gegenteils – nämlich Abwesenheit und Trennung – erst überhaupt nahegelegt, mit Hingabe und einer sich selbst integrierenden, introspektiven, innigen „Andacht" an den Geliebten zu „denken".

Dabei wird als Ziel das „Gefühl der Einheit" deutlich, obwohl zugleich der psychologische Schatten die Erfahrung der Hinwendung zum eigenen Ich sein mag. Doch in noch einem weiteren Sinne ist dies kein Widerspruch, denn besonders in der Liebe, die in gewisser Weise individuelle Grenzen zerfließen lässt, erfährt sich das Ich auch in seinem eigenen Wert. Die Feststellung der Trennung ist in paradoxer Weise also auch hier die Voraussetzung, um die liebevolle Verbundenheit aus dem eigenen Innern und Selbstwert heraus kultivieren zu können[75] – so verlangt es jedenfalls das durchschaubare Spiel einer lebendigen Dialektik im introvertierten kosmischen Element „Wasser":

> *Even for this let us divided live,*
> *And our dear love lose name of single one,*
> *That by this separation I may give*
> *That due to thee, which thou deserv'st alone.*

---

[75] Das zeigte gerade auch der Minnekult exemplarisch, gleichwohl die Folgen davon aus heutiger Sicht wohl eher kritisch gesehen werden.

Als Gedankenpaar oder Bildkomplex ließen sich Freizeit (*leisure*) und „Beitrag" (*due*) verstehen. Die „Freizeit" ist der Abwesenheit des Geliebten „geschuldet", dem gegenüber sich der Liebende mit einem Ständchen endlich auch dankbar zeigen kann. Zugleich mögen die Gedanken an eine frei „verfügbare Zeit" die Bereitschaft zu einem fälligen „Liebesbeitrag" (*due*) nahelegen. Muße und Entspannung (*leisure, sweet leave*) sind zumindest für den gefühlvollen und einfühlsamen „Liebeskult" besonders vonnöten. Dabei geht es zu guter Letzt auch um ein Verdienen (*deserv'st*) der Liebe, den Selbstwert (*worth*) und den fälligen Ausdruck von Dankbarkeit, wenigstens in liebevollen Gedanken um den ersehnten „Liebeslohn", der die zunächst „sauer" (*sour*) aufstoßende Abwesenheit versüßen (*sweet/ly* 2x) könnte.

Jedenfalls scheinen in der gegebenen Situation eine liebevolle Hinwendung zum Geliebten sowie die eigene „Unterhaltung" (*entertain*) mit den „Gedanken an die Liebe" gefordert, genauer überhaupt die „Unterhaltung":

To entertain the time with thoughts of love,

Zentral insgesamt erscheint das dreifache *mine own*, das trotz, jedoch auch im Rahmen des bislang hauptsächlich Angeführten deutlich auf sich selbst verweist. Aber auch die introvertierte Ausrichtung gehört zum „elementaren" Fokus dieses Sonetts, das in einem übergeordneten Sinne – wie hier nochmals betont werden darf – dem anziehenden *phlegmatischen* weiblichen Element *Wasser* verpflichtet ist.

Wie es die Rüstung des Ritters in einem friedlichen Umfeld nahelegt,[76] können das eigene Schutzbedürfnis und die Verinnerlichung jedoch zu weit getrieben werden. Die Gefahr bestünde dann, dass in der Folge die Vorstellung der Trennung und Verschiedenheit so drückend wirkt, dass der Sprung ins Wasser, in den gemeinsam erlebten Lebensfluss, der in diesem Sonett vom Gefühl bestimmt ist, gerade aus übertriebener Selbstbezüglichkeit nicht gewagt wird.

Aus synthetischer Sicht mag der Begriff „*worth*" am Ende erneut in den Blickpunkt gestellt sein, denn er bezieht sich hier sowohl auf die Belohnung des eigenen Verdienstes als auch auf den Eigenwert des Geliebten. In der Liebe hat paradoxerweise also auch der eigene Wert etwas mit dem Wert des „Liebesobjektes" zu tun, in der Einfühlung in den persönlichen, inneren Wert erscheint der (äußere) Wert des Geliebten „fließend" vereinnahmt und anteilig gespiegelt.

Sollte dieses Sonett am Ende weniger Dynamik, Feuer oder Schwung zum Ausdruck bringen als etwa das an vorheriger Stelle besprochene 25. Sonett, mag nun gerade hierin wieder ein bezeichnender Aspekt des *phlegmatischen* Temperaments gesehen sein, das nicht mehr durch das Handeln, sondern vielmehr das „Fühlen" bestimmt ist.

---

[76] Beim *Ritter des Feuers* vordem im 25. Sonett hatten wir es mit einer grundsätzlich extrovertierten Haltung zu tun. Während das Pferd dort in wilder Bewegung ist, um am Ende vielleicht innere Ruhe zu finden, bewegt es sich hier gezähmt und kultiviert, während das Andenken an den Geliebten offenbar eine innere Bewegtheit des Ritters verursacht.

Schlüsselwörter

Licht

praise/ing (3x)	preisen
mine own (3x)	mein eigenes
love (2x)	Liebe
thought/s (2x)	Gedanken
sweet/ly (2x)	süß
manners	Benehmen, Manieren
worth	Wert
sing	singen
leisure	Freizeit, Muße

Schatten

separation/divided	Trennung/geteilt
absence	Abwesenheit
sour	sauer
torment	Qual, Pein

Merksatz

I praise with manners and sweet thoughts thy worth and my own self singing of our dear love to entertain the time of leisure.

Liebe und Verliebtheit

42. Sonett (*Intimität und Trinität*)

That thou hast her, it is not all my grief,
And yet it may be said I loved her dearly;
That she hath thee is of my wailing chief,
A loss in love that touches me more nearly.
Loving offenders, thus I will excuse ye:
Thou dost love her, because thou know'st I love her;
And for my sake even so doth she abuse me,
Suff'ring my friend for my sake to approve her.
If I lose thee, my loss is my love's gain,
And losing her, my friend hath found that loss;
Both find each other, and I lose both twain,
And both for my sake lay on me this cross:
   But here's the joy; my friend and I are one;
   Sweet flattery! then she loves but me alone.

Tarot

2 Kelche

42. Sonett

Daß du sie hast, ist nicht mein ganzer Schmerz;
Und habe doch fürwahr sie treu geliebt.
Daß sie dich hat, ist meines Kummers Herz,
Ein Liebesraub, der tiefer mich betrübt.
Euch Liebessünder will ich so verteid'gen:
Du liebst sie, weil du weißt, daß sie mir wert;
Und so auch sie muß mich um meinethalb beleid'gen,
Erhörend meinen Freund, der meinethalb sie ehrt.
Verlier' ich dich, mein Liebchen nimmt die Beute;
Verlier' ich sie, gleich findet sie mein Freund:
Sie beide finden sich, und ich verliere beide,
Zu meiner Qual um meinethalb vereint.
    Doch, Glück! Sind wir nicht eins, er mein, ich sein?
    Holdsel'ger Traum! dann liebt sie mich allein.

Moral und Motto
Liebe bedeutet nicht nur, dass zwei „Verliebte" sich tief in die Augen blicken, sondern zudem, dass beide in dieselbe Richtung schauen. Die persönliche Zuwendung sollte sich nicht in bloßer Zweisamkeit verlieren. Liebe braucht zu ihrer metaphysischen Erfüllung ein Drittes: den Heiligen Geist. Dann verleiht sie sogar Flügel. Für einige mag sie eine erhebende Liebesaffäre bedeuten, für andere ein ehrliches partnerschaftliches Engagement. Eine liebevolle Begegnung, die das Ich bereichert, fordert jedenfalls die persönliche Hingabe und den freien Austausch der Gefühle.

Schlüsselbegriffe
Liebe, Verliebtheit, Verständnis, Intimität, Verbundenheit, Nächstenliebe, Versöhnung, Kooperation, partnerschaftliche Aussprache, Mitgefühl, Engagement, Schwärmerei.

Bedeutung

Das Sonett präsentiert die bekannte Konstellation einer Dreierbeziehung: hier die vorgestellte Liebesverbindung des Geliebten mit einer anderen Frau (*her* 6x, *she* 3x), die der Sprecher ebenso liebt. Die beiden anderen Beteiligten, die ihn scheinbar hintergehen (*abuse*), verteidigt (*excuse*) er am Ende zu seinen Gunsten (*for my sake* 3x), indem er sich vorstellt, dass sie in Liebe zu ihm handeln und somit auch ihn, den zusehenden Dritten, in ihre und seine Liebe integrieren.

Eine selbstlose Liebe dieser Art sollte – wie man einmal vorwegnehmen darf – zu guter Letzt belohnt werden (*gain*). Sie ist zudem erforderlich, um den engen Dualismus einer bedingten Zweisamkeit zu übersteigen. Besonders in der Liebe (*love/s/ed/ing* 7x), die nicht nur auf Selbstsucht und Egoismus beruhen sollte, will das Teilen gelernt sein, was ebenso das einschließt, was man selbst am meisten liebt.

Doch verfolgen wir weiter die Gefühle des Sprechers: Zunächst schmerzt es ihn weniger, dass sein Geliebter die Geliebte besitzt, sondern sein Hauptklagepunkt ist vielmehr, dass seine „Geliebte" den „Geliebten" hat. Eine solche Ungleichbehandlung, die erst aus der Pointe verständlich wird, mag zunächst verwundern:

> *That thou hast her, it is not all my grief,*
> *And yet it may be said I loved her dearly;*
>
> *That she hath thee is of my wailing chief,*
> *A loss in love that touches me more nearly.*

Doch da die anderen beiden (*both* 3x, *twain*), die ihn offenbar „hintergehen" (*abuse*) und damit in gewisser Weise „angreifen" und „beleidigen" (*offenders*), selbst Liebende sind, entschuldigt er sie:

> *Loving offenders, thus I will excuse ye:*

Die logische Erklärung zu solcherart Freimut wird im Folgenden geliefert, indem der Sprecher das gemeinsame Hintergehen als einen Liebesbeweis beider ihm gegenüber erklärt, insofern sie jeweils ein dem Sprecher Liebes auch lieben. Dies ist aus der erhabenen Sicht unbedingter und offener Liebe auch nachvollziehbar, und so sieht sich der Sprecher schweren Herzens gedrängt, sein persönliches „Schachmatt" einzugestehen, insofern ihm in diesem Spiel gewissermaßen König und Königin genommen wurden. Schon sich selbst zuliebe muss er seinem Geliebten wie auch seiner Geliebten die Liebesbeute notgedrungen genehmigen, nachdem sich „zwei" (*twain*) verbündet und gegen „einen" (*one/alone*) gespielt haben. Aber so ist es nun einmal besonders in der Liebe, in der am Ende die „Zweisamkeit" (*both*) und das „Paar" gewinnen.

Auch im Einzelnen ist die Argumentation verständlich: Wenn die Dame nur ihn lieben würde und nicht auch seinen Freund, würde dies eine unvollständige Liebe bedeuten, da er sich doch mit seinem Freund (*my friend* 3x) in liebender Einheit (*one*) verbunden weiß. Seine Geliebte liebt der Freund zudem deshalb, weil er weiß, dass der Sprecher auch sie liebt. Der Verlust (*loss/lose/ing* 6x) des einen und des anderen Liebespartners hebt sich dadurch auf und wird sogar zu einem Gewinn (*gain*), indem sich beide bei dem jeweils anderen „Liebesobjekt" des Sprechers wiederfinden:

... my loss is my love's gain,

Dies wird vom Sprecher zwar als ein „Kreuz" (*cross*) empfunden, das ihm aber von beiden zu seinem Besten (*for my sake* 3x) auferlegt ist. Eine solche Folgerung könnte kaum befriedigender sein. Klarsicht und Großmut dieser Art mögen sogar geradezu als ein mustergültiges Rezept gegen Liebesblindheit und Eifersucht verstanden werden.

Bekanntes Ideengut darf assoziiert werden: 1. Liebe deinen Nächsten ungeteilt mit allem, was er liebt und damit auch ist! 2. Liebe deinen Nächsten wie dich selbst! Auf ein Schachspiel übertragen könnte zum eigenen Verlust gesagt werden: Liebe deinen Gegner wie dich selbst, auch wenn er im Spiel gewinnen sollte, denn auch du wolltest ja gerne im Spiel „gewinnen"! So sollte der „Antagonist" auch im Liebesspiel nicht als ein „Feind" betrachtet werden, sondern eher als Herausforderer *sine qua non*, als „Spielbedingung", ohne die das königliche Spiel *Schwarz gegen Weiß* nicht gespielt werden könnte. Für das männliche Ego figuriert zunächst allerdings noch das „Liebespaar" als „Antagonist".

Eine Erleichterung der als Kreuz (*cross*) empfundenen „doppelten" Last, die dem Sprecher Leid, Kummer und Jammer (*suff'ring, grief, wailing*) beschert, erfolgt letztlich, indem er sich selbst und seinen Geliebten als identisch erklärt, wobei der befreiende und erhebende Gedanke, dass die Geliebte daher nur ihn allein (*alone*) liebt, ihm am Ende doch als eine süße Schmeichelei (*sweet flattery*) erscheint:

> *But here's the joy; my friend and I are one;*
> *Sweet flattery! then she loves but me alone.*

Für den Moment einer Liebesbegegnung oder einer vermutlich etwas einäugigen „Verliebtheit" mag eine solche naive Vorstellung durchaus stimmen, sofern die beidseitige (*each other*) Hingabe eine intime und vollständige ist und zugleich alternative Beziehungen ausgeblendet werden. Eine Ausschließlichkeit dieser Art legt indes auch unvermeidlich schon den Aspekt der „Schmeichelei" (*flattery*) nahe.

Das Konzept einer offenen Liebeserfahrung, die vom „Heiligen Geist" beflügelt scheint, vermag allerdings die Eifersucht zu überwinden, die – wie sich zeigt – auf zu enger Grenzsetzung und sogar „Besitzdenken" (*my* 10x, *hast*/*hath*) beruht. Eine reflektierte und umsichtige Liebe, die sich nicht in Dualismus und Parteilichkeit verliert, schenkt hingegen innere Stärke und verleiht sogar „Flügel". In diesem Sinne erscheint im Couplet auch ein wahrer „Überflug" aus einem paralysierenden Gegensatz hin zu einer befreiten wie das „Ich" befreienden und unbedingten Liebe vorgeführt, den ein Lichtblick des Geistes ermöglicht.

Am Ende sollte so die Dreieckskonstellation gar nicht verwundern, denn der kosmische Dualismus verlangt seine Aufhebung und die Erweiterung hin zur Trinität, insofern die Liebe selbst eine Frucht der göttlichen Dreifaltigkeit ist. Durch eine sich selbst und damit das Ego überschreitende Einsicht überwindet der Sprecher daher den vorstellbaren Anflug von Ausgeschlossenheit und Übervorteilung. Die erlangte geistige und seelische Freiheit ist somit die Folge einer doppelten Sympathie und Liebe für zwei (andere) – „objektive" äußere – Personen: nämlich das „Liebespaar".

Aus abstrakter Sicht kann die Liebe nicht nur nach innen zur „weiblichen" Seite hin ausgerichtet sein, sondern muss zugleich nach außen den Bezug zu einer „männlichen" Perspektive – symbolisch den „Freund" – berücksichtigen.[77] Die Sichtweise des Sprechers ist also keine einseitige, wie sie „Verliebten" oft eigen ist, sondern schlicßt die beiden menschlichen Polaritäten ein: den Mann (Aktion) und die Frau (Passion), die beiden (*both*) Hälften der menschlichen Seele, die, zusammen im Geist, mit dem „erlösenden" und verbindenden „Dritten", eine Einheit bilden.

Das Gedankenspiel, das diesem Sonett zugrunde liegt, ist ein erleichterndes und erfreuliches (*joy*); es stimmt auf eine im Innern ungeteilte und gleichzeitig existenziell geteilte Liebe ein, indem es den beschwingten Weg zu einem „Liebesdialog" aufzeigt, der nicht im Dualismus paralysiert bleibt und somit ohne Streit und Besitzanspruch auskommt. Dabei finden auch die verborgene weibliche und männliche „Seelenhälfte" beider Protagonisten ihre Entsprechung.

Die gedankliche Aktivität, die aus numerologischer Sicht von der synthetischen (nachfolgenden) **3** symbolisiert wird, führt aus der Statik und Widersprüchlichkeit der **2** (*twain*) hinaus, aus psychologischer Sicht weg von der Lähmung hin zur Einheit (*one*) als Grundlage für eine *last not least* glückliche (*joy*) Begegnung mit sich selbst (*alone*). Auch offenbart sich zu guter Letzt ein höheres, geistiges

---

[77] Die Zuordnung kann auch umgekehrt erfolgen, insofern dies keine dogmatische Festlegung aufzeigen möchte, sondern zwei unterschiedliche Perspektiven oder Standpunkte.

Selbst, das den polaren Antagonismus, der sich besonders in der Liebe einmal offenbart, wahrhaft „liebevoll" von außen zu überschauen und zu transzendieren vermag.

Die „außerordentliche" Hinwendung zu einer geliebten „Dame" ist hier verständlich, insofern insbesondere in einer „intimen" Liebesbegegnung wesentlich die Wiedererfahrung der einst verlorenen, „vorindividuellen" Einheit zu erwarten ist. Doch auch zur „Nächstenliebe" führt der Weg von der (männlichen) Individualisierung über das Zusammenfließen und die Auflösung persönlicher Grenzen und Unterschiede im *Wasser*-Element hin zu einer „gefühlten" Nähe (*nearly*).

Es ist die geteilte ungeteilte Liebe, die im Austausch uneingeschränkte Authentizität, Offenheit und Nähe fordert, das Annehmen der zwei Seiten der Liebe, des Geliebten wie auch des Sprechers selbst, der nun „objektiv" mit „zwei Augen" zu sehen beginnt: den Liebenden und den Geliebten.

Die Liebe zeigt damit am Ende ihre wesentlich paradoxe Seite als Umkehrung eines vermeintlichen Verlustes in einen tatsächlichen Gewinn: *Love is a Losing Game.*[78] Wer in der Liebe am meisten gibt, also am meisten „verliert", bekommt auch am meisten zurück, denn der Liebe steht das „Geben" voran. Und wenn zwei sich finden (*Both find each other* ...) und sich sogar persönlich „geben", gehen beide als Personen verloren (*I lose both twain*), um von der Liebe doppelt beseelt und vom Heiligen Geist neu geboren zu werden.

---

[78] Dies ist der Titel eines der Lieder der britischen Sängerin Amy Winehouse.

Schlüsselwörter

my (10x)	mein/e
love/s/ed/ing (7x)	Liebe/liebt/geliebt/liebend
loss/lose/losing (6x)	Verlust, verlieren, verlierend
her (6x)	ihr (weiblich Einzahl)
both/twain (4x)	beide, zwei
she (3x)	sie (weiblich Einzahl)
my friend (3x)	mein Freund
for my sake (3x)	zu meinem Glück
find/found (2x)	finden/fand
dearly	lieb, innig, teuer
nearly	nahegehend, nahe
each other	einander
joy	Freude
touches	berührt
sweet	süß
flattery	Schmeichelei
gain	Gewinn

Merksatz

I loved her dearly and she touches me nearly, but loving each other is both loss and gain for my friend and for my sake.

Sex und Leidenschaft

45. Sonett (*Transformation und Regeneration*)

The other two, slight air and purging fire,
Are both with thee, whereever I abide;
The first my thought, the other my desire,
These present-absent with swift motion slide.
For when these quicker elements are gone
In tender embassy of love to thee,
My life being made of four, with two alone,
Sinks down to death, oppressed with melancholy;
Until life's composition be recured
By those swift messengers returned from thee,
Who even but now come back, assured
Of thy fair health, recounting it to me.
   This told, I joy; but then no longer glad,
   I send them back again, and straight go sad.

Tarot

5 Becher

45. Sonett

Die andern, lose Luft und läuternd Feuer, hangen,
Wo ich auch sein mag, immerfort an dir;
Luft, mein Gedanke; Feuer, mein Verlangen,
Im schnellsten Flug sind sie bald dort, bald hier.
Wenn sie, die leichtern Elemente, eben
Mit zarter Liebesbotschaft zu dir ziehn,
Sinkt mein aus vieren gleichgeschaffnes Leben
Mit zween allein in Todesschwermut hin:
Bis sich die Lebensstoffe neu vereinen,
Mit jener raschen Boten Wiederkehr,
Die eben jetzt von dir zurück erscheinen,
Von deinem Wohlsein bringend sichre Mär.
   Entzückt vernehm' ich's, aber froh nicht lang.
    Send ich sie gleich zurück, und bin gleich wieder bang.

Moral und Motto

Stirb und werde! Der Geist ist willig, doch das Fleisch noch schwach. Sexualität und Bindung schaffen Leid und fordern Überwindung. Im Prozess leidenschaftlicher Regeneration sollte im Blick auf eine elementare Transformation die Trauer um den vermeintlichen Verlust überwunden werden.

Schlüsselbegriffe

Leidenschaft, Transformation, Überwindung, Regeneration, Wiederbelebung, Sexualität, Magnetismus, Bindung, Trauer, Enttäuschung, Trennung.

Bedeutung

Die männlichen Elemente *Feuer* und *Luft* (*two* 2x) hat der Sprecher an den Geliebten „veräußert". Daher fühlt er sich seiner *aktiven* Kräfte entledigt und „elementar" geschwächt. Dagegen sind ihm die zwei (*two*) weiblichen Elemente *Erde* und *Wasser* geblieben. Doch allein mit den beiden *passiven* Elementen, insofern Geist (*Luft*) und Tatkraft (*Feuer*) „weggeschickt" wurden, kann er praktisch nur in Phlegma und Melancholie (*melancholy*) „versinken". Die normale „Komposition" (*composition*) und damit die Fülle des Lebens scheinen zerbrochen, ein Grund für Bedrückung und Trauer ist eingetreten, denn der Liebende hat wesentliche Seinselemente von sich selbst, die er in der Folge entbehren muss, seinem Geliebten „überlassen". Nun erwartet er sehnlichst die Antwort auf die versandte „Botschaft" – derzeit sozusagen eine entfernte „Außenstelle" seiner Liebe (*embassy of love*) –, die aus den abwesenden leichteren, aktiven Komponenten besteht. Erst wenn diese belebende „Botschaft" wieder zurückgekehrt (*returned, back again* 2x) sein sollte, könnte er „geheilt" (*health*) sein.

Warten und offenbarer Mangel mögen tatsächlich mit Enttäuschung, Frustration und sogar Trauer einhergehen. Im Umfeld der verbliebenen schweren Elemente und damit abhängig von ihnen wäre aber gerade ein männliches „Zusammenreißen" und die „Regeneration" des Fehlenden wünschenswert. Zunächst aber mag die real eingetretene „sexuelle" Abhängigkeit vom Geliebten dazu führen, dass dem Liebenden – gleichwohl mit weiblichem „Rückhalt" – die Lebensfreude und der Schwung ausbleiben, solange er eben noch nicht wieder „zusammengestellt" ist und daher das elementare Defizit nur erdenschwer und melancholisch schwarz (*melancholy*) zu empfinden und zu fühlen vermag.

Doch besteht eigentlich kein Grund für Trübsal (*sad*), jedoch die Notwendigkeit einer emotionalen Wiedergeburt, die durch die Rückkehr der aktiven Elementarkräfte eingeleitet werden könnte. Der Liebende sollte, um selbst wieder „handeln" zu können, die „veräußerten" Elemente *Feuer* und *Luft*, die noch als „zärtliche" Botschaft der Liebe im geschlechtlichen „Ausland" (*tender embassy of love*) wirken, gewissermaßen seinerseits „magnetisch" anziehen und mit dem weiblichen „Rückstand" erneut verbinden. In weiteren bildlichen Worten müsste er sich aufraffen, den vor ihm liegenden „Fluss" zu überqueren. Etwas Überwindung ist gefordert, doch eine Gesundung (*health*) erscheint gerade mit Blick auf das andere „abgesicherte" Ufer möglich.

Dem weiblichen Tierkreiszeichen *Skorpion,* das dieser Tarotkarte entspricht, werden als Bedeutungen „Sexualität", „Regeneration", „Transformation", „Erbschaften" sowie der „Tod" zugeordnet. Der Sprecher hat sein bestes „Gut" und damit auch seine männliche Gesundheit (*health*) an den Geliebten gleichsam „vererbt" – und der Tod (*death*) droht am Ende, wenn sich das Leben nicht wieder „regeneriert":

Until life's composition be recured.

Nach einer elementaren „Trennung", abgebildet durch die geteilten Positionen der zwei Kelchgruppen, den Fluss und die Burg auf der anderen Seite, liegt das erhoffte Ziel in einer „erneuten" Zusammensetzung (*composition*), einer Rückkehr (*come back*) und Befreiung der „unterdrückten" (*oppressed*) Gefühle. Dabei muss sich der treue (*abide*) Liebhaber, der auf sich selbst (*alone*) gestellt ist, jedoch „zusammenreißen" und wieder „aktiv" in Hinblick auf den ihn „absichernden" Geliebten werden, der sich in der „Burg" auf der anderen Seite des Flusses vielleicht ebenso „allein" fühlen könnte. Derzeit umhüllt gleichwohl noch ein dunkler Schatten – der schwarze Mantel der Figur – den mit seiner schweren, weiblichen „Erbschaft" allein zurückgelassenen Liebenden, hinter dessen Rücken, praktisch im „Rückhalt" oder in der vernachlässigten „Rücksicht", zwei weitere noch unverschüttete Kelche sicher aufgestellt sind.

Im „Sexualakt", dem auf vitale Regeneration zielenden Austausch männlicher und weiblicher kosmischer Elemente, erfolgt die Transformation und Wiedergeburt der polaren Lebenskräfte, im biologischen Sinne die Übertragung des männlichen Samens und „Erbguts", das dabei „weggegeben" oder „ausgetauscht" wird, um weiteres Leben zu erschaffen. Solches mag durchaus als reziproke Absicherung (*assured*) verstanden werden, doch könnte der Geschlechtspartner selbst auch wie eine entfernte Festung oder fremde „Nation" erscheinen. Passives Warten mag ein betrüblicher (*sad*) Aspekt sein, sofern im näheren Austausch eine sexuelle Aktivität doch von schneller gleitenden Bewegungen (*swift motion, quicker, slide*) und gleichsam „internationaler" Zärtlichkeit (*tender embassy of love*) begleitet sein dürfte.

Aber derjenige, der seine „Leidenschaft" überwunden hat, die sich in der Veräußerung eigener Lebenssubstanz gründet, kann nach seinem geschlechtlichen „Fall" auch wieder „geläutert", entschlackt und gereinigt (*purging fire*) „aufstehen". Ein dreimaliges „*re*" in den Verben *recured*, *returned* und *recounting* und ein zweifaches *back again* legen deutlich ein „Zurück" oder „Wieder" nahe. Solches „Zurück" mag die Forderung einschließen, auf die noch vollen Kelche auf der „Rückseite" Acht zu geben, es könnte aber ebenso ein „Wieder und Wieder" im sexuellen Sinne und damit eine kontinuierliche Wiedergeburt und Neuschöpfung des in Ewigkeit zugleich sterbenden Lebens meinen. So bedeutet „Sexualität" einerseits „Bindung" und „Absicherung" (*assured*), andererseits „Regeneration" der menschlichen Art und eine „Versicherung" des Lebens auf weitere Sicht. Sie zielt nicht nur auf persönliche „Heilung" und „Rückkehr" (*recured, returned*) der sich Liebenden zum absichernden Lebensursprung, sondern auch auf ein in der Folge der „Zusammensetzung" durchaus zu erwartendes „Neu-Zählen" (*recounting*), ein Geburtsereignis, das kaum traurig (*sad*) machen müsste – nur aufgrund der Illusion eines überholten oder vermeintlichen Verlustes –, sondern in Erwartung eines weiteren Weltmitglieds sogar heiter und fröhlich stimmen sollte (*glad, joy*).

Nach einem „sexuellen" Akt könnte allerdings der Liebende, vom erlittenen Verlust gewissermaßen in den Schatten gestellt und bis zum nächsten „Wiederkommen" (*back again*) enttäuscht, zurückbleiben, sofern er nicht den Blick auf die zwei anderen (*the other two*) Elemente richtete, die zusammen mit den männlichen die Kontinuität des Lebens im höheren Sinne „garantieren". Doch auch bei der „Neuzusammenstellung" der Welt „danach" möchten die elementaren „Komponenten" wohl weiterhin berücksichtigt werden: Neben den männlichen Elementen *Feuer* und *Luft* und den weiblichen *Wasser* und *Erde* wäre nun aber noch mit einem bis dahin nicht sichtbaren „fünften" Element zu rechnen: der Neuschöpfung und dem „Nachwuchs".

Zuletzt erkennen wir in dem elementaren Prinzip von „Anziehung und Abstoßung" (*present-absent*) besonders den vitalen Magnetismus der Geschlechter und Polaritäten.

Schlüsselwörter

two/both (3x)	zwei, beide
swift/quicker (3x)	flink/schneller
life (2x)	Leben
back again (2x)	wieder zurück, (Rückcn)
desire	Begehren
recured	wiederkehren, wiederholen
returned	zurückkehren
recount	nochmals (neu) zählen
purging	abführend, reinigend
fire	Feuer
tender	zärtlich
embassy	Botschaft, Außenstelle
death	Tod
melancholy	Melancholie, Trübsal
oppressed	unterdrückt
sad	traurig

Merksatz

*By melancholy and death oppressed I desire
with purging fire that love comes back
and life's composition be recured.*

48. Sonett

Loslösung und Aufbruch
(Vertrauen und Emanzipation)

How careful was I when I took my way,
Each trifle under truest bars to thrust,
That to my use it might unused stay
From hands of falsehood, in sure wards of trust?
But thou, to whom my jewels trifles are,
Most worthy comfort, now my greatest grief,
Thou, best of dearest, and mine only care,
Art left the prey of every vulgar thief.
Thee have I not locked up in any chest,
Save where thou art not, though I feel thou art,
Within the gentle closure of my breast,
From whence at pleasure thou may'st come and part;
   An even thence thou wilt be stolen I fear,
   For truth proves thievish for a prize so dear.

Tarot
8 Kelche

48. Sonett

Wie sorgsam barg ich jeden kleinen Tand,
Als ich auf Reisen ging, in Kofferwände,
Damit ich unberührt von falscher Hand
Zu eignem Zweck ihn sicher wiederfände!
Und du, dem Tand nur meine Perlen sind,
Mein teurer Trost, und nun mein größter Gram auf Erden,
Du einzig höchstes Gut, das meine Seele minnt,
Kannst jedes schnöden Diebes Beute werden!
Dich schließt kein Koffer mir noch Kasten ein,
Als der, wo du nicht bist – und doch fühl' ich dich drinnen –
Hier in der Brust, dem trauten Kämmerlein,
Wo du, nach freier Lust, kannst kommen und entrinnen:
   Und da noch, fürcht' ich, stiehlt man mir mein Lieb;
   Denn um so teuern Preis wird Treue selbst zum Dieb.

Moral und Motto
Die Liebe drängt dazu, aufzubrechen und Gesichertes hinter sich zu lassen, um im Fluss des Lebens an unbekannter Stelle anzukommen. Was aber kann auf dem Weg durch die Dunkelheit zum Licht, dem nur ein vager Traum voransteht, überhaupt mitgenommen werden? In alte Schläuche lässt sich kein neuer Wein einfüllen. Die Lebensreise verlangt Vertrauen und führt über das Unbewusste zu neuen Ufern.

Schlüsselbegriffe
Loslassen, Aufbruch, Abschied, Abnabelung, Emanzipation, Neuorientierung, Kündigung, zurück zur Quelle, Verlassen bekannter Pfade, Reiseantritt.

Bedeutung

Der Sprecher stellt sich zunächst in der Rolle desjenigen vor, der seinen Kleinkram (*trifle/s* 2x) sorgsam verschlossen in einem Koffer mit auf die Reise nahm, um ihn jederzeit sicher vor Dieben selbst „nutzen" (*use*) zu können.

Daraufhin wird eine Analogie zum Geliebten expliziert, der in solcher Weise und Form allerdings nicht auf die Reise mitgenommen werden kann, obwohl der Liebende ihn gerne zumindest in seinem Herzen dabei hätte.

Betrachten wir die symbolischen Requisiten: Obwohl ein Koffer auf einer Reise Komfort (*comfort*) garantieren könnte, lässt er auch noch das Gewicht und die Last der Vergangenheit vermuten, die hier vom Sprecher offenbar nicht so leicht und ohne schweren Herzens zurückgelassen werden kann, weil unweigerlich mit ihr – so vermuten wir – Erinnerungen an den Geliebten „eingeschlossen" sind.

Im Weiteren erkennen wir zentral die Thematik der Unsicherheit (*unsure*) und Furcht (*fear*), die selbst im Couplet noch nicht völlig ausgeräumt erscheint:

> *And even thence thou wilt be stolen I fear,*
> *For truth proves thievish for a prize so dear.*

Solche Furcht kann allerdings nachvollzogen werden, insofern jeden Abschied vom Bekannten – besonders wenn dabei Liebende betroffen sind – zugleich Befürchtungen mancher Art begleiten dürften. Das Neue ist dann noch nicht in Sicht, das Alte begleitet den Aufbrechenden in der Erinnerung und niemand weiß mit Sicherheit, ob sich die Dinge auf der folgenden Reise nicht zum „Schlechteren" wenden werden. Die Furcht ist hier allerdings ein Gefühl, das dem *Wasser* Element zugeordnet werden sollte.

Darüber hinaus stellt sich auch die Frage der Treue des Geliebten und des Liebenden, desjenigen, der aufbricht, und desjenigen, der zurückgelassen wird, sei diese Treue nun eine faktische oder lediglich eine solche des Herzens.

Vom Sprecher wird dabei fraglos eingesehen, dass seine „Brust" (*breast*) ein weit besserer Ort als ein Koffer ist, um den „Geliebtesten" (*dearest*)[79] sicher aufzubewahren. Doch nicht einmal dieser verborgene, innere „Stauraum" kann alle Zweifel ausräumen, da auch hier Diebe unterwegs sein und sich paradoxerweise sogar die Wahrheit (*truth*) der Treue und der Liebe unter Umständen selbst diebisch (*thievish*) zeigen könnten. So stellt der Sprecher fest, dass der Liebste selbst im eigenen Herzen nicht „festgehalten" werden kann, insofern sich die Wahrheit (*truth*) unter dieser Bedingung in ihr Gegenteil verkehren müsste. Wir und ebenso der Sprecher möchten daraus wohl schließen, dass die „höhere" Wahrheit hier mehr auf die Freiheit zielt, die Treue in einem bestimmten Sinne selbst ein Hindernis für eine weitere, nur in Freiheit gedeihende Liebe werden müsste.

In dem zentralen thematischen Dreieck, mit den Eckpunkten „Liebe", „Wahrheit" und „Veränderung", mag nun letzterer Begriff, den wir der „Reisebildlichkeit" entnehmen, auch durch „Vertrauen" (*trust*) ersetzt werden. Dieses und das dem Sprecher „Liebste" (*best* of *dearest*) – im besten Fall die Liebe selbst – möchten am Ende auch kostbarer sein als ein „tröstendes" (*comfort*) Klammern an Kleinigkeiten und überholten Vorstellungen von der Person des Geliebten und seinem Verhalten. Besonders Reisen verlangen „Vertrauen", die Bereitschaft und den Wunsch nach Veränderungen auf verschiedenen Ebenen des Lebens.

Das kleinkrämerische (*trifle*) Einsperren (*closure*) einer Liebe, die von Natur aus grenzenlos ist, scheint hier indes

---

[79] Der Begriff „Schatz" müsste wohl ergänzt werden.

zunächst der Angst (*fear*) vor Dieben (*thief/thievish/stolen*) geschuldet. Diese sind aber eher auf „in der Dunkelheit" leuchtende, greifbare Juwelen (*jewels*) spezialisiert, auf die „Verringerung" materiellen Reichtums desjenigen, der etwas sorgfältig zu „verschließen" hat. Die Liebe aber fordert doch etwas anderes: die „Vermehrung" inneren Reichtums.

Das „Verschließen" einer im Lebensfluss Erweiterung suchenden Liebe kann naturgemäß nicht angemessen sein. Desto mehr werden auch wertvolle Edelsteine angesichts des „Teuersten" (*dearest*), was der Liebende sich vorzustellen vermag, als überflüssiger Tand erscheinen müssen.

Die Freiheit des Geliebten – wie im Spiegelbild zugleich desjenigen, der auf Reisen geht – kann in einem für die Welt und die Veränderungen des Lebens geöffneten Herzen nicht „eingesperrt" werden; die Furcht vor einem möglichen Diebstahl mag berechtigt sein oder nicht. Die Vorstellung eines Verlustes möchte aber vermutlich weniger Furcht und Unsicherheit lehren, als auf die unzureichenden Gründe hierfür aufmerksam machen, denn der Liebende würde sich selbst damit „diebisch" die Freiheit und Liebe „stehlen".

Solche verständliche Furcht in Hinblick auf eine dunkle Schatten- und Rückseite des Lebens gilt es also abzulegen, da sie dem Ziel der Reise widerspricht, besonders einer vorwärtsdrängenden Lebensreise, die nach notwendigem „Abschied" vom „abgesicherten" Bestand wissend und mit guter Absicht über das Bekannte hinaus führen möchte.

Indes sind das Herz und das Gefühl des Sprechers so einfühlsam eingestimmt, dass er Ausgänge und Rückwege, die gleichsam ebbende und flutende Präsenz des Geliebten, wahrzunehmen und zu schätzen weiß, beide komplementäre Bewegungen – Kommen (*come*) und Gehen (*part*) – wie das Atmen im Innern seines Brustkorbes (*chest*) und damit auch in seinem weiten Herzen „unterzubringen" versteht.

Abschied (*part*) und Abnabelung sind zuweilen für den Erhalt einer lebendigen Liebe gerade fruchtbar. Sorgfalt und Umsicht (*care/careful*) mögen zwar in mancher Hinsicht hilfreich sein, doch führt zu viel „Sorge" nicht weiter, zumal wenn die Lebensreise mehr abverlangt als das Festhalten am Besitz und Bekannten: nämlich Mut und Vertrauen (*trust*).

Der Mensch selbst lässt sich überdies nicht in einen „Kasten" einsperren, besonders wenn Neuorientierung und Horizonterweiterung anstehen. Sobald der Liebende sein „Liebstes" zu stark umhegt, mag die Hinwendung auch von Herzen (*breast*) kommen, wird der Preis (*prize*) dafür am Ende zu hoch sein. Selbst die Wahrheit (*truth*) würde sich aus Mangel an Leben und Bewegung diebisch gebären, wenn ihr keine Freiheit zugestanden würde, in der allein die Liebe und damit eine noch höhere Wahrheit wachsen können:

For truth proves thievish for a prize so dear.

Die ähnlich klingenden Begriffe „*trust*" (Vertrauen) und „*thrust*" (stoßen/drängen) präsentieren nur scheinbar einen Gegensatz, bei näherem Hinsehen sogar ein Komplement, insofern zwei Liebende kaum nebeneinander „stehen" können, ohne dass der eine den anderen in irgendeiner

Weise drängt, schiebt, wegstößt oder im positiven Sinne Druck ausübt, dort zu einem „Vorwärtsdrängen" anhält, wo der Raum zum Atmen zu eng wird. Das Vertrauen in den positiven Ausgang sollte dabei auf beiden Seiten groß genug sein, und einer der Liebenden – möchten wir ermutigend hinzufügen – sollte beizeiten auch einmal vertrauensvoll und vertrauenswürdig einen Schritt aus der allzu bekannten „Komfortzone" (*comfort*) heraustreten und voranschreiten dürfen, ohne sich wie ein Dieb „verstohlen" oder aus Furcht wegen eines vermeintlichen Liebesverlustes umschauen zu müssen.

Der Geliebte „bleibt" (*stay*) zudem für den Liebenden im Herzen weiterhin gegenwärtig, mag die Liebe selbst auch auf Reisen gehen und sich nach vorne bewegen. Das Klammern an Erinnerungen und der „überholte" Begriff einer „zurückgebliebenen" Liebe verursachen Schwermut (*grief*), die wie ein Koffer belastet. Nur die Liebe selbst kann ja mitgenommen werden. Aber diese ist oft auch gerade der Beweggrund für einen Abschied, Aufbruch oder eine Reise, wenn eine „Beziehungskiste" von innen zu platzen droht.

Selbst das eigene Herz bietet von sich aus auf der Reise keine Gewähr dafür, dass sich nicht ein „Fremder" des geliebten Kleinods bedienen könnte. Der Liebende mag den Geliebten an ungewohnter Stelle durchaus wiederfinden, aber nur, wenn sein Herz sich so grenzenlos zeigt, wie die wahre Liebe es tatsächlich ist, insofern sie Ausdehnung in einem weiteren Raum sucht. Die Liebe selbst ist letztlich die unvorhersehbare und aufregende Reise eines freien Geistes.

Das Sonett thematisiert also neben dem „Aufbruch" ins Unbekannte den dabei beschwerlichen „Abschied" von etwas Vergänglichem. Neuland im Rahmen einer wahrhaft treuen Liebe kann ungeachtet dessen nur zur Bereicherung führen. Die Horizonterweiterung, die bei einer Reise zu neuen Ufern zunächst durch den persönlichen Schatten führt, fordert einen Abschied, ein Loslassen und besonders das Vertrauen der Liebenden, das dabei auf die Probe gestellt wird.

Neptun ist der nebulös und im Hintergrund wirkende Gott der Auflösung, Verschleierung, mystischen Vereinigung und göttlichen Transzendenz; er regiert über die höheren und Dimensionen des Einfühlens sowie die grenzenlose kosmische Liebe im Gegensatz und in Erweiterung zu einer gesellschaftlich ausgerichteten Liebe der attraktiven Göttin *Venus,* die eine in einem festen personalen Rahmen eingebundene und somit auch „einschränkende" Liebe präsentiert. Das Herrschaftsgebiet dieser Göttin wird jedoch verlassen, wenn das umfassendere Reich des materiell ungreifbaren, träumerischen und visionären Meeresgottes betreten werden soll.

Bei der Synopsis der Schlüsselbegriffe zeigt sich das Bild eines Weges (*way*), der aus der Perspektive des *Wasser*-Elementes und des grenzauflösenden Meeresgottes einer „Seereise" ähneln könnte: Dem Zurücklassen (*left, part*) des Bekannten geht ein Drängen (*thrust*) und Abschluss voraus. Nach Aufgabe der Furcht (*fear*) und mithilfe des Vertrauens (*trust*) öffnet sich in der Folge der sichere Ort des Herzens (*chest/breast*), wo die Liebe wie Flut und Ebbe ein- (*come*) und ausgehen (*part*) darf, um endlich vielleicht in Ewigkeit bei dem Liebsten (*dear/dearest*) zu bleiben (*stay*), sofern nur die Liebe als ein im Innern eingeschlossener Juwel den Liebenden auf jeder Reise zu neuen Ufern begleitet.

Schlüsselwörter

thief/thievish/stolen (3x)	Dieb, diebisch, gestohlen
trust (2x)	Vertrauen
care/ful (2x)	Sorge, sorgsam
dear/est (2x)	teuer, liebster
trifle/s (2x)	Lappalie, Kleinigkeit
chest/breast (2x)	Brustkasten, Brust
truth/truest (2x)	Wahrheit, wahrest
thrust	drängen, schieben
part/left	weggehen, ließ zurück
unsure	unsicher
fear	Furcht

Merksatz

My dearest and truest,
I was careful when I left and locked you up
in the closure of my breast, but on my way
truth proves thievish without trust.

Aus den

Luft-Sonetten

Sanguinisches Temperament

Auf Flügeln des Pegasus

51. Sonett *(Hoheitsrecht und Urteilskraft)*

Thus can my love excuse the slow offence
Of my dull bearer, when from thee I speed:
From where thou art why should I haste me thence?
Till I return of posting is no need.
O, what excuse will my poor beast then find,
When swift extremity can seem but slow?
Then should I spur, though mounted on the wind;
In winged speed no motion shall I know:
Then can no horse with my desire keep pace;
Therefore desire (of perfects love being made)
Shall weigh no dull flesh in his fiery race;
But love, for love, thus shall excuse my jade;
   Since from thee going he went wilful slow,
    Towards thee I'll run, and give him leave to go.

Tarot

König der Schwerter   **51. Sonett**

So kann ich meines Trägers trägen Mut
Liebreich entschuld'gen, trägt er mich von dir:
Wo du bist weg zu eilen tut nicht gut;
Was soll die Eil als bei der Rückkehr mir?
O, wie wird denn mein Tier Entschuld'gung finden,
Wenn schnellste Schnelligkeit nur scheint Verzug?
Dann müßt' ich spornen, säß ich auf den Winden;
Bewegungslos schien mir des Fittigs Flug:
Dann hält kein Roß mit meiner Sehnsucht Schritt;
Und Sehnsucht, die vollkommner Lieb' entsproß,
Nicht träges Fleisch wieh'rt feueratmend mit,
Und Lieb' um Lieb' entschuldigt so mein Roß:
    Weil ich's von dir hinweg freiwillig zögern sehe,
    Will ich zu dir nun laufen, es mag gehn.

Moral und Motto
Wäge ab und urteile unabhängig und gerecht als König im Reich der Gedanken und Ideen! Doch bedenke, dass sich im Leben und auf Erden nicht alles so leicht, schnell und frei bewegt wie himmlischer Geist und Verstand!

Schlüsselbegriffe
Urteilskraft, Souveränität, Unabhängigkeit, Überlegenheit, Übersicht, Weitblick, Vogelperspektive, Gerechtigkeitssinn, Klarheit, Logik, Hoheitsrecht, Voraussicht.

Bedeutung

Auf seinem Rückweg zum Geliebten kann es dem Sprecher gar nicht schnell genug gehen. Gleichsam wie ein Vogel auf Schwingen möchte er nach dem Ausritt mit Gedanken- oder wenigstens „Windgeschwindigkeit" über der Erde rasend (*winged, wind, speed* 2x) „zurückfliegen".

Und gesetzt, das schwer tragende, „träge" und am Ende vielleicht auch erschöpfte „Lasttier" (*dull bearer, poor beast, jade*),[80] auf dem dieser „abgehobene" König nun einmal als „Herrscher" seinen „Hoheitssitz" eingenommen hat, liefe auf

---

[80] Das Lasttier wird unterschiedlich bezeichnet, auch als „*horse*". Das Pferd gilt als ein edles, stolzes Tier, das die Freiheit und weite Räume liebt. Es steht darüber hinaus allgemein für Vitalität und insbesondere die Sexualenergie.

dem Rückweg noch schneller, wäre es gemessen an der Schnelligkeit (*swift*),[81] mit der Gedanken und Geist sich durch den Äther bewegen können, für den ungeduldigen Antreiber, der sozusagen vom Himmel herabzuschauen plant, noch zu langsam, es sei denn vielleicht sein Sitz wäre auf *Pegasus* selbst, dem mythologischen Pferd mit Flügeln.

Dabei können wir den mentalen Prozess einer kausal bestimmten „Rationalisierung" (*thus* 2x, *therefore*, *since*, *why*, *what*) erkennen, die dialektisch reflektierend den dualen Charakter des Intellekts bestimmt. So sieht der Sprecher auch nicht ein, warum er sich beim Ausritt beeilen sollte, wenn ihn doch das Pferd zunächst langsam (*slow* 3x) vom Geliebten fortführt, und er vermag dem Lasttier dessen Trägheit folgerichtig auch großzügig zu verzeihen.

Wind (*wind*), Flügel (*winged*) sowie Geschwindigkeit (*speed*) bezeichnen das kosmische Element *Luft*. Das *sanguinische* Temperament verleiht der Liebe praktisch Flügel. Dabei herrscht der *König der Luft* als „himmlischer" Regent hoch oben über den Wolken wie die frei und flink sich im Raum bewegenden Gedanken und Ideen *(mounted on the wind)*, die bei diesem *mentalen* König standesgemäß „veredelt" sein dürften. Das zweite männliche kosmische Element *Luft* schenkt dem Sprecher zudem die notwendige Leichtigkeit, um Hindernisse pfeilschnell zu meistern, wenn nicht sogar erhaben und luftig distanziert zu „überfliegen".

---

[81] „*Swift*" bedeutet nicht nur „schnell", sondern das Substantiv „*swift*" ist zudem der „Mauersegler", also ein flinker und agiler Vogel.

Der tragende Gedanke des Sonetts mag vor diesem typologischen Hintergrund verständlicher werden: Jegliche Bewegung (*motion*) muss dem Begehren des Sanguinikers, der seine „Bewegungen" im Raum des Geistes vollzieht, letztlich zu dumpf und mühselig (*dull* 2x) erscheinen, insofern die Gedanken selbst leicht und ungehindert über der schweren Erde durch die Luft zu fliegen scheinen. Doch auch der relativ „schwerfällige", animalische Unterbau, der sich nur „träge" fortbewegt und dementsprechend die Luft gleichsam „belastet", muss am Ende ebenso zum Ziel gebracht werden, was aber dem „Beweggrund" der „extrem" perfekten Liebe (*perfects love*) dieses himmlischen Königs, in dem die zwei Seiten des zyklischen Weges sowie Oben und Unten integriert erscheinen, nicht widersprechen sollte.

Schauen wir uns das vorliegende Konzept im Einzelnen an: Eine „Sachlage" distanziert, objektiv und neutral zu betrachten, liegt im Interesse des mental reflektierenden Königs der *Luft*. Der Verstand bewegt sich – wie wir zu wissen meinen – bevorzugt auf der Grundlage kontrastiver oder komplementärer Begriffspaare; er kennt nur zu gut das streitende „Ja" und „Nein" sowie das „Entweder … oder …". Doch die Aufgabe dieses „perfekten" Herrschers ist es, jenseits der Gegensätze (*extremity*) und „Belastungen" beider „Parteien" souverän und gerecht zu regieren sowie schnell (*swift*) zu urteilen, indem er den Entscheidungen perfekt abgewogene Begründungen zu unterlegen versteht.

Darüber hinaus vermag er vom Standpunkt der Liebe betrachtet sowohl zu entschuldigen (*excuse* 3x) als auch anzuregen (*spur*). Der luftige Rechtsprecher „verzeiht" dem Lasttier also gerne, wenn es sich nur langsam vom Geliebten fortbewegt, und er zeigt eine freiheitsliebende, loyale Geste, wenn er dem „Untergebenen" auf dem Rückweg zu seiner Liebe „Freilauf" gewährt (*leave to go*), während er selbst – im solidarischen Tausch – sich dazu herablässt, auf dem Boden zu Fuß zu laufen (*run*) und damit eine körperliche „Belastung" auf sich zu nehmen.

Dazu könnten einige stichhaltige „Begründungen" aus der Rechtspraxis angeführt werden: 1. weil der Beklagte, dem die notwendige Reflexionskraft fehlt, sowieso nicht in der Weise flexibel zu handeln vermag, wie es von ihm gefordert wäre, 2. weil es richterliches und königliches Recht ist, nach Verhältnismäßigkeit Dienst und Unterordnung einzufordern sowie Freiheit zu schenken, 3. weil eine Urteilsbegründung die vitale Macht der Lebensantriebe vorausschauend ebenso berücksichtigen sollte, 4. weil der freie Verstand die Abhängigkeit von ihn einschränkenden körperlichen Bedingungen nur in einem angemessenen Maße hinzunehmen bereit ist, 5. weil es für die „perfekte Liebe" – und nur von diesem Standpunkt aus kann ein von höherer Instanz gesprochenes Urteil mit Belastungsanzeige am Ende gerecht und nachvollziehbar erscheinen – die Forderung einschließt, sich jeweils solidarisch auch in die Rolle des Antagonisten und die Lebensbedingungen beider Parteien hineinzuversetzen.

Regierender Geist (der Reiter), die Vitalität und die Sexualität (das Pferd) sind also aufeinander angewiesen, beiden (abhängigen) Hälften sollten jeweils aber auch Freiraum und Recht eingeräumt werden. Höhen und Tiefen, der geistige Überbau und der Leib möchten nach Maßgabe der in sich ruhenden (im „Gericht" gerade motivlosen) „perfekten Liebe" berücksichtigt und beurteilt werden.

Die grundsätzliche Oberhoheit über Meinungen und Entscheidungen schließt also nicht das Recht ein, sich der Solidarität auf irdischem Boden zu versagen oder die Teilnahme am Leben hochmütig zu ignorieren, zumal gerade für den geistig Arbeitenden körperliche Gesundheit und Fitness eine gute Grundlage für einen „bewegenden" Verstand sind. Ein ordentlicher Fußmarsch etwa könnte im Einzelfall sogar das Denken schärfen, Entspannung und Distanz schaffen, den Verstand befreien, erheben und damit ein klares und abgewogenes Urteil begünstigen.

Die Pointe dieses Sonetts ließe sich nun vielleicht als ein erdachtes „Hirngespinst" des Geistes verstehen. Aber es kommt dabei zugleich eine herrschaftliche Geste und ein exzellentes „Motiv" zum Ausdruck. Darüber hinaus zeigt sich eine durchaus ausgewogene Urteilskraft. Gerade die Gedanken (*Luft*) brauchen und wollen für sich selbst wie auch für den Geliebten – als zweite Seite des Ichs – freien Auslauf. Zudem darf festgestellt werden, dass höchste Gedankenleistungen besonders auf dem Boden der Realität Früchte tragen möchten und der irdische Rückweg vom liebenden Sprecher dann eben auch selbst beschritten werden müsste. Aber kann es denn eine gute und dauerhafte Lösung sein, sich in ein „Luftschloss" zurückzuziehen?

Eine astrologische Zuordnung für dieses Sonett ist nach Javane/Bunker das Tierkreiszeichen *Waage*,[82] in dem die *Venus* regiert. Diese Göttin ist dafür bekannt, dass sie lieber dem männlichen Partner eine dynamische Rolle überlässt, als selbst außerordentlich aktiv in „Bewegung" zu kommen. Im männlichen Tierkreiszeichen *Waage*, dem das Element *Luft* zugeordnet wird, dürfte ihr magnetischer Einfluss auf den *König der Schwerter* zumal in einem luftigen „Schloss" nicht ohne Wirkung bleiben, denn ihre Anziehungskraft ist Legende. Diese liebreizende und ästhetische Göttin fordert geradezu Komplementierung und Partnerschaft, wobei sie auf Ausgewogenheit und Harmonie bedacht ist. In ihrem persönlichen Schatten „bewegt" sich dann allerdings oft tatsächlich der mutige und stürmische Kriegsgott *Mars,* ein wahrhaft energischer, vitaler und aktiver Handlungsträger.

Partnerschaft und Liebe fordern Wechselseitigkeit, auch die bewusste Annahme persönlicher Schwächen. Vor diesem Hintergrund vergibt sich der Sprecher nichts, wenn er das dienstleistende Tier sich einmal selbst überlässt und ihm damit Unabhängigkeit schenken und Vertrauen beweisen kann. Das herrschaftliche Wünschen (*desire* 2x) zeigt sich, insofern ihm eine „vollkommene" Liebe (*perfects love*)[83] zugrunde liegt, auch über die „unfreien", vitalen Triebe erhaben. Während er den Instinkten freien Lauf gewährt (*give him leave to go*), offenbart sich zudem ein Sinn für

---

[82] Vgl. Javane/Bunker (deutsche Version), S. 366.
[83] Im Original „*perfects*" als Abkürzung wohl von „*perfectest*".

Gerechtigkeit und Großmut, wenn er dem dienenden Tier, das ihm beim Ausritt unterstützt hat, die Freiheit schenkt, die er selbst allerdings ebenso zu schätzen weiß. Die verständnisvolle Geste bezeugt darüber hinaus einen edlen und diskreten Verstand, ein authentisches Aushängeschild des bewegenden und bewegten *Königs der Luft*.

Selbstverständlich sollten wir aber erkennen, dass es sich um ein gleichnishaftes Bild handelt und das vitale Verlangen (*desire*) des sich „losgelöst" ausdrückenden Ichs in der dünnen Luft nicht verloren gehen sollte, sondern dort nur „erhöht" und damit auch „erhaben" erscheinen möchte.

Dem „kühlen" Luftkönig könnte sogar – was wir nur vermuten können – das Temperament des Lasttieres, das sich auf dem Rückweg schon aus natürlichem Antrieb schneller bewegt, zu „direkt" und unvermittelt erscheinen, da er selbst von jenem Temperament her, das von C. G. Jung als *sanguinisch-sentimental* bestimmt wurde, im kritischen Sinne durchaus zu „Unentschiedenheit" sowie im sowohl negativen wie positiven zu „Leichtsinn" neigen könnte.

Der Kreis der vollständigen (perfekten) Liebe besteht aus Hin- und Rückweg, Extraversion und Introversion, zwei komplementären Hälften oder Teilstrecken. Im männlichen Tierkreiszeichen *Waage*, das von einer weiblichen Gottheit beherrscht wird, begegnen sich männliche und weibliche Aspekte. Dem männlichen *König der Luft* mag sicherlich mehr die Extraversion entsprechen, mithin die Bewegung des Ausreitens, die ihn aber vom Geliebten wegführt, der weiblichen Liebesgöttin vielleicht mehr der Heimweg, nachdem das äußere Ziel und damit die höchstmögliche Distanz zur Heimat erreicht sind. Möglicherweise lässt sich das symbolische Bild aber auch umgekehrt interpretieren, denn beim Ausritt „sitzt" der König und „lenkt" gleichsam aus der Luft wie die Göttin *Venus* in der *Waage*, auf dem Rückweg muss er selbst Vitalität demonstrieren, was ihm indes nicht allzu schwer fallen sollte, insofern ihm sein „schönes" Motiv dann schon näher liegt.

Auch das Ideal der Liebesgöttin *Venus* ist eine „vollendete Liebe", die im Kreis von Hin- und Rückweg, Verpflichtung und Hingabe, Bestimmung und Freiheit sowie Geben und Nehmen zum Ausdruck kommt. Vor diesem Hintergrund können wir im *König der Luft* besonders im erwiesenen Liebesdienst (*perfects love*) den vollendeten Liebhaber erkennen, der mitzudenken und mitzufühlen weiß und sein gesamtes himmlisches Reich zu überblicken vermag. Er ist damit auch der verständige und loyale Herrscher, der aus der Vogelperspektive bestimmende Gesetzgeber und Richter im juristischen Königreich des vernünftigen Abwägens (*weigh*) und der schnellen (*swift*) Entscheidungen, deren Maßgabe und Geschwindigkeit seine uneingeschränkte und unbestechliche „Lufthoheit" sichern.

Aus äußerer und vielleicht auch innerer Distanz mag dann auch ein spannendes Pferderennen (*race*) beobachtet werden, wo im Wettkampf aus angemessener Entfernung konkurrierende Parteien, die ihre Höchstleistung zum Erreichen des Ziels einbringen, angefeuert und gewertet werden können. Dies ist auch ein passendes Umfeld für den *sentimentalen* und reflektierten *König der Luft*, der anders als der dynamische und selbstbestimmte *König des Feuers* eine distanzierte, mentale Einstellung veranschaulicht.

In der perfekten Liebe gilt aber besonders ein fairer und gerechter Austausch (*love, for love*). Eine damit garantierte, in sich gerundete und ausgeglichene „Liebe" (*love* 4x) ist das den *König der Luft* leitende ethische Ideal.

In dem Sonett erscheinen mehrere „Entschuldigungen" (*excuse*): Die Geschwindigkeit (*speed*), die Langsamkeit (*dull*) und das Begehren (*desire*), damit alle Elemente in der vorgestellten Kausalkette, werden mit der „ausgeglichenen" Liebe „entschuldbar", einem „vollendeten" Liebesdienst, der zwei Seiten einer Begründung in einem abhängigen wie zugleich reziproken Liebesverhältnis integriert.

Bei der vorliegenden Argumentation, die dem „Motiv" der „Bewegung" und des „Begehrens" nachgeht, zeigt sich in *thus, therefore, since, why, what* und *should* (2x) also auch ethisches Denken. Zudem erkennen wir in den Hilfsverben *shall* (4x) und *will/'ll* (2x) das Potenzial der Vorausschau.

Zum Abschluss der Betrachtung dieses Archetyps sei nochmals auf die unparteiische, in sich ruhende, schnelle, mentale Urteilskraft des *sanguinisch-sentimentalen* Königs verwiesen, die sich trotz Hin und Her und notwendiger Geschwindigkeit in einem weiten, himmlischen Umfeld nicht von ihrer Mitte ablenken lässt und nicht besser als im folgenden Vers zum Ausdruck gebracht werden könnte:

In winged speed no motion shall I know.

Schlüsselwörter

Licht

love (4x)	Liebe
go/going/went (3x)	gehen, gehend, ging
excuse (3x)	entschuldigen
desire (2x)	Begehren
speed (2x)	Geschwindigkeit
swift	schnell, (Mauersegler)
wind	Wind
winged	beflügelt
wilful	absichtlich, vorsätzlich
weigh (orig. *neigh*)	abwägen, (orig. wiehern)
perfect (orig. *perfects*)	vollendet, (orig. vollendetsten)

Schatten

slow (3x)	langsam
dull (2x)	träge

Merksatz

*Mounted on the wind with winged speed
my wilful desire is made of perfect love.*

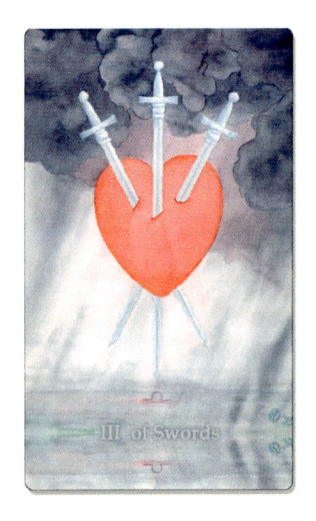

Mit Herz und Verstand

57. Sonett *(Engagement statt Eifersucht)*

Being your slave, what should I do but tend
Upon the hours and times of your desire?
I have no precious time at all to spend
Nor services to do, till you require.
Nor dare I chide the world-without-end hour,
Whilst I, my sovereign, watch the clock for you,
Nor think the bitterness of absence sour,
When you have bid your servant once adieu;
Nor dare I question with my jealous thought
Where you may be, or your affairs suppose,
But, like a sad slave, stay and think of nought,
Save, where you are, how happy you make those:
   So true a fool is love, that in your will
    (Though you do anything) he thinks no ill.

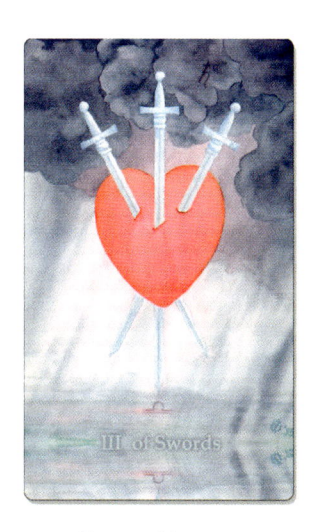

Tarot

3 Schwerter   **57. Sonett**

Dein Sklave, der ich bin, wie wär' ich freier,
Als wenn ich Stund' und Zeit wahrnehme, die du liebst?
Sonst acht' ich keinen Dienst und keine Stunde teuer,
Als wenn du etwas mir zu dienen gibst:
Noch wag' ich, Stund' auf Stund' am Zeiger nach dir zählend,
Mein Fürst, die endlos lange Zeit zu schmähn;
Der Trennung Bitterkeiten mir verhehlend,
Wenn scheidend dich dein Knecht nur einmal grüßen sehn:
Noch grübl' ich eifersüchtig nach der Spur,
Wohin du gehst, was deine Absicht ist;
Still harrend sinnt der arme Diener nur,
Wie glücklich die sein werden, wo du bist.
   Ein so gutherz'ger Narr ist Liebe; sei
     Auch was es sei dein Tun, er hat kein Arg dabei.

Moral und Motto
Schenk dein Herz der Angelegenheit und diese schenkt dir ihr Herz zurück. Herz und Verstand sollten mutig und synergetisch zusammenarbeiten. Hier liegt der Schlüssel für eine Klärung und Lösung in Herzensaffären. Es gilt, sich mit Herz und Verstand auf die Welt einzulassen, um das eigene Herz und dessen Gebundenheit zu verstehen.

Schlüsselbegriffe
Herzensschmerz, Liebeskummer, Herzensangelegenheiten, Herz und Verstand, Dreierbeziehung, Grauschleier vor dem Herzen, emotionale Schnittstelle, Eifersucht, Klärung in Liebesangelegenheiten, Dialektik des Herzens.

Bedeutung

Bereits im ersten Vers erscheint der Begriff „*slave*" (2x). Der Sprecher ist sich seiner Abhängigkeit vom Willen (*will*) des Geliebten bewusst. Dessen Stunden der Abwesenheit (*absence, adieu*) – das französische Wort legt den Gedanken der Herzensliebe nahe – könnten dabei leer und untätig ausfallen, insofern der Verstand nichts anderes zu ersinnen wüsste, als eitel seine Aufmerksamkeit nur auf das Fehlende zu richten. Der Sprecher sucht jedoch auch nach Diensten, die ihn seinem Geliebten näherbringen könnten. Die Spannung wird noch brisanter und verständlicher durch die mögliche Anwesenheit anderer (*those*) in der Gegenwart des Geliebten, die Anlass zu Eifersucht (*jealous thought*) geben könnten, sofern an der „Schnittstelle" der gordische Knoten, die Paralyse vor einem schneidenden Verstand und einem herzlichen Engagement, nicht aufgelöst werden kann.

Die Forderung der Sonette – wie auch der Liebe – und somit die des Sprechers ist jedoch *a priori* die nach Treue. Dass die Liebe aber ein so wahrhafter Narr (*so true a fool*) sei und nicht nur ein dumpfer, ist das Reinste, was ein Liebender zu sagen vermag, der jenseits eines Widerspruchs und einer vernebelnden Eifersucht nicht Herz und Verstand verloren hat, um eine geforderte Synthese von Herz und Verstand aktiv in Angriff zu nehmen (*do* 2x, *dare* 2x).

Die Frage (*question*) der Liebe wird registriert (*fool*),[84] aber auf einer höheren Ebene paradox (*true a fool*) gelöst, insofern der Liebende Herz und Verstand doch zu vereinen weiß – **3** ist die Zahl der Synthese – und in sich selbst, wo die Gegenüberstellung zwischen streitenden Positionen und fühlendem Herz (Einheit) innere Reibung verursacht, unkompromittiert und frei zu bleiben vermag. Auch der unbedingt Liebende sollte sich also zu emanzipieren wissen und sich angesichts möglicher Konflikte in den Affären des Lebens souverän und als Agierender begreifen können, sofern er nur ein großes, aktives und mutiges Herz hat.

---

[84] Es geht darum, Herz und Verstand zusammenzubringen. Fehlte in Liebesangelegenheiten ein unterscheidender Verstand, käme dies allerdings dem Begriff der „Liebestorheit" nahe.

Dabei geht es praktisch um einen mentalen Zugang zu einer Herzensangelegenheit. Der „Seelenschmerz", im Bild ein „dreifach" durchbohrtes Herz, ließe sich dadurch lösen, dass eine durch den Geist verursachte Verhärtung, die ein freies Fließen der Herzensenergie verhindert, umgekehrt mit einem auf den Grund des Herzens dringenden Verstand, der Abhängigkeit, Distanz und wünschenswerte Kooperation zugleich registriert, entknotet und aufgelöst wird.

Für die Strategie einer Lösung mag der homöopathische Grundsatz „Gleiches durch Gleiches zu heilen" angeführt sein: Wenn einerseits der messerscharf fordernde Geist sich zu leicht von der Stimme der Liebe und des Herzens entfernt und der seelische Schmerz in der Unfähigkeit liegen könnte, vernebelnde Gedankenstrukturen (Wolken) nicht lichtvoll zu durchdringen, sollte umgekehrt mit lichtem Verstand eine mentale Perspektive auf die zunächst einschnürende, emotionale Situation und Vorstellung entwickelt werden, die wiederum auf mangelnde Klärung der Handlungsoptionen und des in der Folge blockierten Zugangs zum eigenen Herzen zurückzuführen ist.

Nur der gelähmte Verstand bindet sich an bestimmte Vorstellungen und wird infolgedessen unbeweglich. Die Zahl **3** fordert dagegen Bewegung, Auseinandersetzung und die Synthese. Der Liebende sollte also, statt in Passivität und damit in „Versklavung" zurückzufallen, die zunächst bitter (*bitterness*) scheinende Abwesenheit akzeptieren und sich derweil aktiv (*I do/to do*) aus der Abhängigkeit befreien. Dabei würde er sich gerade auf diesem Wege wieder dem

Herzen nähern, so dass Herz und Verstand aufeinander zukämen und in ihrer Mitte von Zwang und unfruchtbaren Identifikationen befreit werden können.

Der positive Aspekt der scheinbaren „Versklavung" liegt dabei durchaus auf der Hand: Herz und Verstand sollten eine gesunde und feste Partnerschaft eingehen, welche die Emanzipation, Befreiung und Komplementierung beider zum Ziel hat. Herzensfragen möchten nicht gerne ängstlich vom Verstand unterdrückt werden, wie umgekehrt die reale Eminenz des Herzens nicht den Verstand verdrängen sollte; beide müssten vielmehr trotz guter Zusammenarbeit wie zwei unabhängige Fürstentümer „souverän" (*sovereign*) bleiben. Der Verstand wäre dann nicht nur ein Sklave (*slave*), sondern vielmehr ein verlässlicher Geschäftspartner des Herzens. Wie das Herz den Verstand antreibt, vermag dieser umgekehrt, das Herz zu stärken. Das Herz aber mag endlich in engagierter, persönlicher Auseinandersetzung, bei der „Gedanken" auch divergieren können, als „Souverän" der Einheit regieren und letztlich die bestimmende Lebens- und Inspirationsquelle sein. Denn wo zwei unterschiedliche lokale oder mentale „Positionen" oder verschiedene Geister sich gegenüberstehen, kann deren „Souveränität" nur eine „relative" sein, das Herz jedoch zwei Reiche verbinden.

So möchte endlich die Aufforderung ergehen, das Herz mit herzlichen Worten, mit herzlicher Betroffenheit und herzlichem Engagement aktiv und mutig (*dare*) „sprechen" zu lassen, um souverän und glücklich (*happy*) aus einer bedrohlichen mentalen „Nebelschlacht" hervorzugehen.

Schlüsselwörter

Licht

think(s)/thought (4x)	denken, Gedanke
love (2x)	Liebe
servant/services (2x)	Diener/Dienste
do (2x)	tun, aktiv sein
dare (2x)	wagen
affairs	Geschäfte, Affären
happy	glücklich
sovereign	souverän, unabhängig

Schatten

slave (2x)	Sklave
jealous	eifersüchtig
bitterness	Bitterkeit
absence	Abwesenheit

Merksatz

*In your absence bitterness and my jealous thought
are slaves in the world of your affairs,
save I dare to do services and be happy and sovereign.*

Am Ende mit dem Latein

64. Sonett (*Aufgabe und Überantwortung*)

When I have seen by time's fell hand defaced
The rich proud cost of outworn buried age;
When sometimes lofty towers I see down razed,
And brass eternal slave to mortal rage;
When I have seen the hungry ocean gain
Advantage of the kingdom of the shore,
And the firm soil win of the wat'ry main,
Increasing store with loss, and loss with store;
When I have seen such interchange of state,
Or state itself confounded to decay;
Ruin has taught me thus to ruminate –
That time will come and take my love away.
   This thought is a death, which cannot choose
   But weep to have that which it fears to lose.

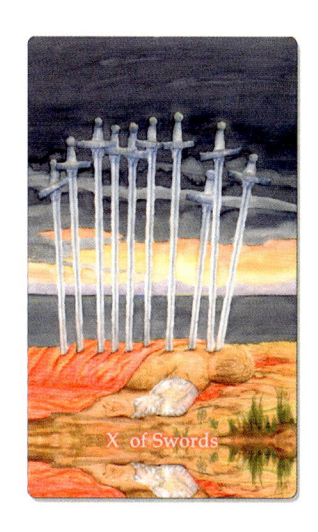

Tarot

10 Schwerter

64. Sonett

Sah ich der Alten stolze Wunderpracht
Durch Wütrichshand der Zeit gestürzt verwittern,
Der Erde hohe Türme gleichgemacht,
Unsterblich Erz vor Menschenwut erzittern:
Sah ich die gierige See am Königreich
Der Meeresküsten überflutend zehren,
Die Feste dann, an Wasserschätzen reich,
Fülle mit Raub, und Raub mit Fülle mehren:
Wenn ich dies Wandelleben übersah,
Ja Leben selbst zum Untergang getrieben,
Kam unter Trümmern mir dies Grübeln nah:
Einst kommt auch Zeit und fordert deinen Lieben.
   Solch ein Gedank' ist wie ein Tod; er treibt
    Zum Weinen, daß du hast, was dir nicht bleibt.

Moral und Motto
Der Verstand muss die Grenzen seines Potenzials erkennen und dort abdanken, wo er überwältigt ist, um erneut ins ewige Leben eintauchen zu können, das ihm ein Mysterium bleibt. Der Verstand ist ein nützlicher Verwalter, aber er sollte das Leben selbst nicht überwuchern und erdrücken, das hinter Absicherungen, Festlegungen und menschlichen Erkenntnissen die ewige Fortdauer der Liebe fordert. Nach Erschöpfung und Verlust steht mit der Überantwortung an das Leben endlich eine Wiedergeburt bevor.

Schlüsselbegriffe
Ende, Begrenzung, Schnittpunkt, Schlussstrich, Untergang Abbruch, Umdenken, Insolvenz, Erschöpfung, Kapitulation, Überwältigung, Selbstaufgabe, Verlust, Abdankung, Tabula Rasa.

Bedeutung

Geist und Wissen (*Schwerter*) haben sich vollständig der Person bemächtigt, sie überwältigt und getötet, die nun vom „Verstand" durchbohrt auf dem Boden liegt.

Unter einem dunklen Himmel ist nur am entfernten Horizont etwas Licht erkennbar. Die Zahl **10** zeigt aus numerologischer Sicht einen Kristallisationspunkt, in dem bereits ein neuer Anfang (**1**) enthalten ist. So birgt auch das scheinbar trostlose Ende glücklicherweise im Keim schon das Potenzial der Fortdauer und Wiederauferstehung (*state* 2x) des Geistes unter einem weiteren, lichteren Horizont.

Die Zeit (*time* 2x) ist dabei, Altes und Verbrauchtes niederzureißen (*down razed*). Doch gerade aus Ruin (*ruin*), Verfall (*decay*) und Tod (*death*) nähren sich der Ozean (*ocean*)[85] des noch Unbewussten sowie die Notwendigkeit der Hingabe an etwas Größeres und Gewaltigeres, das nur jenseits der absichernden Errungenschaften und bekannten Grenzen (*firm soil/shore/store* 2x) zu entdecken ist.

Die Situation eines vergänglichen und somit gerade nur vermeintlichen Verlustes (*loss/lose* 3x), der sich als ein zyklischer eben nicht auf ewig Bleibendes beziehen kann, erscheint damit vorgestellt. Doch ein herausragender, übermächtiger Verstand (*lofty towers*) und stützendes Wissen (*store, kingdom of the shore*) einerseits sowie das Offene und Grenzenlose (*ocean*) andererseits sollten beim unumgänglichen Untergangs des Egos, des Ruins, der Kapitulation und gebotenen Rückschau zusammenwirken.

Ein Gedanke ist es allerdings, der selbst schon scharf und einschneidend wie der Tod wirkt, nämlich der Gedanke an den möglichen Verlust des Geliebten:

This thought is a death, which cannot choose ...

---

[85] Das „Meer", noch mehr der „Ozean", können und sollten als eine gebräuchliche Metapher für das Grenzenlose und bis dahin noch Unbewusste verstanden werden.

Doch der Verstand und die „Gedanken" können dem dialektischen Spiel des Lebens, das wie der Ozean stets bei Flut das Festland oder „Festgestellte" einzunehmen „droht", irgendwann nicht mehr folgen. Infolgedessen müssen sie um einen Verlust (*loss*) ihrer unvermeidlich schwindenden „Souveränität" und Herrschaft fürchten (*fears*).

Wirklich zu weinen (*weep*), dies allerdings vermag nicht der Verstand, sondern nur der fühlende Mensch selbst, der über sein aktuelles Verständnis und die eingeschränkte Reichweite seiner Konzepte hinaus eine einschneidende seelische Erfahrung erlebt: dass sein Wissen praktisch nur eine (durchaus notwendige) „Nacharbeit" (*store*) darstellt, seine eigenen gedanklichen Konstrukte in die Sackgasse geraten und sich ad absurdum führen, wenn das Leben dem Ich einen neuen Horizont eröffnen möchte. Es mag diesem dabei zugleich die Lehre und Warnung ergehen, eine bis dahin verdichtete (*store*) Erkenntnis nicht für das ewige Leben selbst nehmen zu dürfen. Im Positiven hingegen sollte indes zugleich erkannt werden, dass das „Ich" und insbesondere das Ego einer weiteren Reise des Bewusstseins über sich selbst hinaus nicht selbst im Wege stehen sollten.

Outworn buried age, mortal rage, loss, decay, ruin, fears und *death* sind dementsprechend Indizien eines aus subjektiver Sicht bedrohlichen „Endes", die sich aber nur auf das Ableben überholter und bereits erstarrter Vorstellungen sowie die Rückständigkeit und Abhängigkeit des Verstandes selbst in seiner Funktion als mentaler Spiegel und lediglich relatives Erkenntniswerkzeug beziehen können.

Ein mittlerweile gereiftes „Verständnis" auf der Basis einer reflektierenden Arbeit des Verstandes (*interchange of state*) erkennt sich in einer aussichtslos wirren Situation (*confounded state*), wo dieser schließlich gezwungen ist abzudanken, um nicht als ewiger Sklave (*eternal slave*) selbst die Herrschaft über das Leben verantworten zu müssen, was gegenüber dessen ewig schöpferischer Kraft ohnehin eine unmögliche Belastung und Aufgabe wäre.

Der Intellekt wie das wachsende „Ich", die hier ihre Wirkungsgrenze erkennen müssen, könnten aber auch verlässliche Wegbereiter und Diener des zu guter Letzt wahrhaft überwältigenden und gewinnenden Lebens sein. Ein gesichertes Verstehen (*firm soil*), wie es in vielen Lebensbereichen eingefordert wird, vermag sich der „Tiefe" und „Dunkelheit" des noch Unbewussten (*ocean*) durchaus umgrenzt und in Schritten anzunähern, um diesem in einem dialektischen Spiel streckenweise Terrain abzugewinnen:

Increasing store with loss, and loss with store.

Die *Schwerter* als Symbole des scharf „schneidenden" Verstandes und der Geisteskraft, denen das Ich hier selbst zum Opfer gefallen und von denen es zu Boden gedrückt ist, scheinen sich zuweilen sogar zu erheben und zu leuchten, in Einzelfällen sich geradezu stattlich und hochmütig (*lofty*) in den schwarzen Himmel aufzurichten und so noch der Dunkelheit einen gewissen „Glanz" zu verleihen. Es gelingt den bohrenden Schwertern sogar nach dem Tod der Person, himmlisches Licht für menschliche Zwecke zu „reflektieren", wenngleich es auch nicht das eigene sein kann.

Der Sprecher hat im Wesentlichen zurückgeschaut, bevor er mit seinem Latein zu Ende gekommen ist. Für ihn ist das Leben schließlich zu einem „Perfekt" geworden (*I have seen* 3x, *has taught*). Die Erlebnisse und Dinge scheinen im Positiven und Vorteilhaften (*rich, proud, firm soil, advantage*) wie Negativen (*down razed, loss, slave*) überholt und ausgelutscht (*outworn*). Das Mysterium des Lebens und des Todes, das Unbekannte, vor dem der Sprecher am Ende furchtsam steht, weil er zurückblickend aufgrund seines Wissens die Zukunft voraussehen zu können vermeinte, will und muss in Hinblick auf ein umfassenderes „Leben" hinter dem dunklen Himmel, dem Vorhang des Verstandes und den bis dahin bekannten Grenzen „wiederentdeckt" werden.

Besonders der Gedanke, dass die Zeit (*time*) einmal den Geliebten hinwegraffen wird, erscheint dem Ich als ein „tödlich" einschneidender. Es kann hiermit in Bezug auf den Sprecher allerdings letztlich nur Vergängliches gemeint sein, das Ego, die Instanz, die sich noch nicht den weiteren und tieferen „Wassern" zugewandt und hingegeben hat.

Der positive Aspekt des scheinbar dunklen Bildes sollte schließlich darin gesehen werden, dass die schneidende Schärfe des Verstandes durch eine Gefühlsregung, die aus der Vorstellung eines möglichen Verlustes *via negativa* ihre regenerative Kraft und damit lebendige Grundlage bezieht, ein erlösendes Gegengewicht erhält und somit von ihrem eigenen selbstzerstörerischen Potenzial befreit wird. Erst der sich kristallisierende Gedanke, dass kein Wissen und nichts Vergängliches festzuhalten ist, schafft den notwendigen Raum jenseits eines überholten, verlustig gegangenen und vom Atem abgeschnittenen Konzeptes, um sich erneut dem zuzuwenden, was allein im Angesicht der Ewigkeit und Unsterblichkeit der Seele von bleibender Bedeutung ist: die Liebe und ihre ewige Kraft der Neugeburt.

Der erhabene Stolz des Verstandes, der – mitunter sogar gelehrig (*has taught*) – von oben (*lofty towers*) auf ihm „Untergebenes" zurück- oder sogar herabzuschauen sich anzumaßen vermochte, sich im Vorteil (*advantage*) wähnte, selbstherrlich annahm, entscheiden (*choose*) zu können, und demnach nach langer und sicherer Herrschaft nur ungern zu Grabe (*buried age*) getragen werden möchte, gibt sich in den Begriffen *proud*, *tower* und *advantage*, Äquivalenten gedanklicher Vermessenheit und persönlicher Vorteile, welche die *Luft*-Karten besonders nahelegen könnten, in seinem illusionären Anspruch, Leben zu kontrollieren und abzusichern, letztlich als untergehender und überlebter „König der Nacht" zu erkennen – in seinem allein von gesicherter Materialität bestimmten Reich: dem *kingdom of the shore*.[86]

---

[86] Es ist also am Ende die umgekehrte Sicht anzustreben: Nicht der Verstand schafft Licht in der Dunkelheit, sondern das Licht wurde vom Verstand weitgehend verdrängt, denn dieser konnte sich nur auf das Sichtbare und scheinbar Feste beziehen. Doch

Tatsächlich wähnt sich der Verstand bisweilen zu lange als Herrscher über scheinbar sichere Sachlagen (*state*) und Besitzer objektiver Wahrheiten; doch hat er sich hier zu viel aufgebürdet und gehortet (*store*), sich damit mit nunmehr Unbrauchbarem überlastet und sich so selbst die Luft zum Atmen genommen. Seine Kapazitäten sind erschöpft, er hat keine Luft und keinen freien Raum mehr im Speicher, das Denken ist in eine Sackgasse geraten und ruiniert. Gegenüber dem Mysterium des Lebens bleibt das fixierte, mentale Verstehen ein ewiglich zurückschauender Sklave (*eternal slave*).

Bemerkenswert ist die dreifache Akzentuierung des zeitlichen Rückblicks (*I have seen* 3x) und der Hinweis auf das bereits Gelernte (*has taught*). Die gehäuften Formen des Perfekts lassen zugleich auch ein zwangsläufig unergiebiges Wiederkäuen und Nachgrübeln (*ruminate*) befürchten.

Doch hören wir am Ende der Reihe der *Luft*-Sonette den zu einer fruchtbaren Einsicht kristallisierten Verstand schließlich einmal selbst, der endlich jenseits der mentalen Antagonismen von Hoffnungen und Befürchtungen zur entscheidenden Erkenntnis seiner selbst gereift ist:

> *This thought is a death, which cannot choose*
> *But weep to have that which it fears to lose.*

---

gerade das für ihn noch Dunkle, Unbewusste, vermag ihm nun neues Licht zu schenken.

Auch dieser wahrlich bittere Gedanke, Endprodukt eines einst wuchernden Gedankengebäudes, hat nun keine andere Wahl mehr, als sich selbst aufzugeben. Der mächtige mentale Tyrann, der sich im aufgeblähten Ego erheben konnte, muss sich vor dem bescheiden zurückziehen, was größer und langlebiger ist als er selbst. Letztlich bleibt ihm nur die Auflösung im lebendigen Lebenswasser (*weep*), nachdem er zur „Einsicht" gekommen ist, dass er angesichts des von ihm Verdrängten hinter seinen absichernden wie ebenso fesselnden Grenzen gezwungen ist, abzudanken. Im Vergleich zur unermesslichen Weite des zyklisch neu flutenden Ozeans des noch Unerforschten bleibt sein „Reich auf Zeit" ein begrenztes. Vom Übergewicht des Verstandes erdrückt, überwältigt und in die unvermeidliche Dunkelheit gezogen, ist das Ich mit dem Wissen um seinen Ruin endlich bereit für den „Befreiungsschlag", der eine „Wiedergeburt" des Lebens einleiten möchte.

Mit der in Wahrheit nur scheinbaren Wahl (*choose*), sofern der Sprecher überhaupt eine Wahl außer jener der Überschreitung der Grenzen des Wissens und der Bejahung des Lebens hätte – auch das wäre noch keine Wahl im engeren Sinne –, kommt das kritische und relativierende Potenzial des *Luft*-Elementes zu seinem vorbestimmten Ende. Die Folge der im Wesentlichen durch Widerspruch, intellektuelle Distanz sowie eine negativ-sentimentale Perspektive bestimmten Bilder dieser Sequenz der Sonette erreicht in ihrer letzten Verdichtung des Elementes einen paradoxen Abschluss und die Selbsttranszendenz.

Die zentralen Begriffe dieses Sonetts liegen also – wie durchaus üblich für die *Schwert*-Sonette – im Umfeld eher negativ assoziierter Vorstellungen.

Schlüsselwörter

loss/lose (3x)	Verlust
time (2x)	Zeit
state (2x)	Stand, Stellung, Staat
store (2x)	Vorrat, Speicher
outworn	überholt, veraltet
buried	beerdigt
mortal	sterblich
rage	Raserei
decay	Verfall, Zersetzung
ruin	Ruin
death	Tod
fell	fürchterlich

Merksatz

Ruin, decay, mortal rage and loss taught me
to think of your death,
and this thought can only choose to weep to have that
(already) which it fears to lose.

Aus den

Erd-Sonetten

Melancholisches Temperament

Der Hofstaat einer Königin
66. Sonett *(Fruchtbarkeit und Gemeinwohl)*

Tired with all these, for restful death I cry, –
As, to behold desert a beggar born,
And needy nothing trimmed in jollity,
And purest faith unhappily forsworn,
And gilded honour shamefully misplaced,
And maiden virtue rudely strumpeted,
And right perfection wrongfully disgraced,
And strength by limping sway disabled,
And art made tongue-tied by authority
And folly (doctor-like) controlling skill,
And simple truth miscalled simplicity,
And captive good attending captain Ill:
    Tired with all these, from these would I be gone,
    Save that, to die, I leave my love alone.

Tarot

Königin der Münzen

66. Sonett

Müde von alle diesem wünsch' ich Tod:
Verdienst zum Bettler sehn geboren werden,
Und hohle Dürftigkeit in Grün und Rot,
Und wie sich reinste Treu entfärbt auf Erden,
Und goldnen Ehrenschmuck auf Knechteshaupt,
Und jungfräuliche Tugend frech geschändet,
Und Hoheit ihres Herrschertums beraubt,
Und Kraft an lahmes Regiment verschwendet,
Und Kunst im Zungenbande der Gewalt,
Und Schulenunsinn, der Vernunft entgeistert,
Und schlichte Wahrheit, die man Einfalt schalt,
Und wie vom Bösen Gutes wird gemeistert:
   Müde von alle dem, wär' Tod mir süß;
   Nur, daß ich sterbend den Geliebten ließ!

Moral und Motto
Fürsorge und eine persönliche Verantwortung für Anstand, Würde und Wohlstand der Gesellschaft sind ehrenvoll und zeugen von moralischer Integrität und Realitätssinn. Wenn die höchste Dame des Staates einmal dem König ihre Liebe schenkt, wird dieser sich hoffentlich auch mit Macht für die Umsetzung der guten, inneren Werte einsetzen. Denn was nützen die besten Ideale, wenn sie angesichts mangelnder Tugenden und herrschender Bedürftigkeit im Bienenstaat nicht erfüllt werden können? *God save the Queen!*

Schlüsselbegriffe
Wohlstand, Fruchtbarkeit, Fürsorge, Integrität, Gemeinsinn, Bedürfniserfüllung, Realitätssinn, Moralität, Werthaftigkeit, Ehrenhaftigkeit, Diskretion, Würde, Treue, Tugend.

Bedeutung

Shakespeare spricht in diesem Sonett einmal, wie eine *konservative* Königin sprechen und denken würde und sich – nicht nur zur Zeit Shakespeares – vermutlich tatsächlich bisweilen äußerte. Der Sprecher ist sozusagen in ihre Rolle geschlüpft, um über die Unmoral der Gesellschaft, die Defizite der Gefolgschaft, aber auch über das Fehlverhalten der Herrschaft selbst, mangelnde Kompetenz und Integrität auf verschiedenen Ebenen, einmal ausführlich in eigener

Sache zu klagen. Alle Aufgaben und Probleme, denen sich eine Königin als weibliche Spitzeninstanz und Bewahrerin der Tugenden und verbindlichen Sitten einer hierarchischen Gesellschaft zu stellen und die sie zu bewältigen hat, werden gewissermaßen in einem organischen Verwaltungskatalog vorgelegt, in einer grundlegenden Moralpredigt, wie sie deutlicher und umfassender nicht ausfallen könnte.

Daher besteht der verbundene, „solide" Körper dieses Sonetts praktisch aus einer Reihung von als Leim dienenden „*and*" jeweils gefolgt von der Kontrastierung einer positiven und einer negativen Option:

> *And needy nothing trimmed in jollity,*
> *And purest faith unhappily forsworn,*
> *And gilded honour shamefully misplaced,*
> *And maiden virtue rudely strumpeted,*

Während der „König" (*captain*) die aktive, äußere Herrschaft vertritt, ist die Königin die höchste Anwältin der inneren Werte, der moralischen Integrität, Sittentreue und Kohärenz der Gesellschaft. Ihre größte Sorge ist es folglich, ein Volk unwürdiger und unvollkommener Untergebener zur Tugend und zum Gemeinsinn zu bewegen. Weil die bodenständige Königin nicht selbst die *aktiv* Handelnde sein kann, muss sie sich an den König als zuständige, exekutive Autorität wenden, um ihre für die Gesellschaft verbindlichen Grundsätze in die Realität umzusetzen. Ihre Orientierung am König als Exekutivorgan und Kopf ihrer

Wertvorstellungen ist für sie naheliegend und maßgeblich; ihre weiblichen Werte und ihre Position kann sie nur in Abhängigkeit von ihrem handlungsmächtigeren Gemahl definieren und bewahren (*save*), dem ihre Hinwendung, Sorge und Liebe insbesondere zu gelten hat.

Leider ist es aber nicht allein die Liebe, die sie mit dem König verbindet, sondern nur zu oft der Anblick eines notorischen Notstandes sowie eine gemeinsame, graue, bisweilen ermüdende Verantwortung für das „Gemeinwohl".

Sprache und Geste der *Königin der Erde* sind zugleich realistisch und ethisch wertend (*good*), ohne repräsentative, zurückhaltende Weiblichkeit und Ästhetik (*art*)[87] zugunsten einer als Frau allein uneinlösbaren Vorgabe preiszugeben.

Eine Quintessenz naheliegender Erkenntnis ist letztlich, dass sie als Königin ohne ihren Königsgemahl nicht selbst ihr soziales Ideal durchzusetzen vermag. In ihr liegen somit Ehrenhaftigkeit und natürliche Schwäche beieinander. Die weibliche Kompetenz (*authority*) artikuliert sich ohne männliche Durchsetzungskraft. Gleichwohl lastet auf der höchsten Würdenträgerin die Verpflichtung zur Verfassung eines verbindlichen Tugendkatalogs, den sie persönlich in der Öffentlichkeit zu präsentieren und zu verantworten hat.

Dabei spricht das Sonett auch unverblümt Mängel auf der Herrschaftsebene an, schon insofern die *Königin* aus eigener Sache das abhängige weibliche Geschlecht vertritt:

---

[87] Der *Königin der Münzen* können die *Gaia* (*Erde*) und *Venus* als planetare Gottheiten zugeordnet werden. Vgl. Javane/Bunker S. 405 (deutsche Version).

Deutlich kritisiert werden dementsprechend eine falsche Autorität, die Kunst verhindert (*And art made tongue-tied by authority*), Vertrauensbruch (*purest faith unhappily forsworn*), grobe Schändung der Mädchen (*maiden virtue rudely strumpeted*), fehlende Urteilskraft (*right perfection wrongfully disgraced*) und noch Einiges mehr.

Solcherweise ließe sich dieses Sonett also als das Aufeinanderprallen eines von einer weiblichen „Autorität" geforderten Ideals mit einer dahinter zurückbleibenden Realität lesen. Sein und Schein sowie Soll- und Istzustand erscheinen einmal mehr mit erhobenem Zeigefinger gegenübergestellt, um mahnend zur Integration natürlicher, authentischer weiblicher Werte in einer hieran offenbar weithin mangelnden Wirklichkeit aufzurufen.

Die Geste ist allerdings die gleiche, die früher wie heute besonders bei politischen und anderen Würdenträgern zu beobachten ist, auch kaum weniger bei deren Kritikern.[88] Hin und wieder sieht sich das Herrscherhaus – das sich als solches bestätigt wissen möchte – genötigt, diejenigen Tugenden und Werte plakativ in einer Anordnung von Regeln (To-do-Liste) vorzuschreiben und einzufordern, für die es einzustehen vorgibt und aus denen es seine Existenzberechtigung angesichts der zuweilen kulturlosen Verhaltensformen des Volkes und des Adels ableitet, die zur besseren Veranschaulichung der ewigen Kluft von Ideal und

---

[88] Vgl. Übersetzungen und Kritik: Erckenbrecht, Ulrich (Hrsg.): *Shakespeare Sechsundsechzig*. 3., erneut erweiterte Auflage. Muriverlag, Kassel, 2009.

Wirklichkeit zumeist vereinfacht Schwarz auf Weiß (letztlich aber doch in Grau) präsentiert werden.

In Anbetracht der zahlreichen Schwächen im eigenen Haus müsste die Königin in der Tat aus Scham und Überlast an Arbeit im Boden versinken, wäre da nicht noch der König an ihrer Seite, der die inneren Werte durchsetzen könnte und sollte, nicht zugleich noch die weibliche Treue zu ihm gegeben, die am Ende entscheidende Tugend, die einen praktischen Ansatz nahelegt, um auf dem höheren und schöneren Dienstweg mit den vielen Übeln aufzuräumen. Denn was ist das Grau der Werte am Ende wert, wenn die Liebe als ihr wahrer Inhalt fehlt?

> *Tired with all these, from these would I be gone,*
> *Save that, to die, I leave my love alone.*

Die komplette Liste der von hoher Stelle missbilligten Untugenden wie der auf der Strecke gebliebenen Ideale, die vor dem (innerlich wertenden) Auge der Königin gleichsam im Gänsemarsch vorbeiziehen, erscheint in der Reihung des die Versanfänge einnehmenden *And* (10x) in Struktur und Ordnung zum Ausdruck gebracht. Eine solche „langweilige", aber geforderte Reihung gesellschaftlicher Verpflichtungen und Aufmärsche könnte die Königin und ihr Volk indes tatsächlich ermüden (*tired* 2x).

Aber *Noblesse oblige*: besonders zu Fleiß, Geduld und Öffentlichkeitsarbeit. Die *Königin der Münzen* erscheint in Anspruch und Klagen als das weibliches Komplement zum

König der Münzen. Sie ist die höchste moralische Instanz eines ohne sie in leeren Formen versandeten Staatswesens, weibliches Vorbild und Ansporn erhabenen Verhaltens und guter (traditioneller) Sitten, die, sofern sie selbst von Tugend und wahrer Liebe bewegt sein sollte, den inneren Zusammenhalt einer Gesellschaft garantieren könnte.

Doch solange allbekannte Missstände nicht behoben sind und kein neuer Bienenstaat in Sicht ist, bleibt die höchste Repräsentantin wie eine Bienenkönigin selbst eine Gefangene (*captive*) ihres eigenen Anspruchs. Wäre nur sie der Maßstab und ahmten ihre Untertanen diesen loyal und mit Hingabe nach, könnte die Gesellschaft wohl eine tadellose, blühende und fruchtbare sein. Doch wir ahnen leider noch Weiteres: In einem solchen Staat würden nur Königinnen leben und keine einfachen Arbeiter. Auch ein solcher würde vermutlich am eigenen Ideal zugrunde gehen.

Aber ist ein zentral regierter „Bienenstaat" nicht selbst schon ein wunderbares Beispiel an Organisation, Hierarchie, Fleiß und Gemeinsinn, wo von den ohne Unterlass Tätigen ein herrlicher Honig produziert wird, der am Ende sogar einmal genossen werden darf, doch nicht vorzeitig von den tätigen Arbeitern selbst, sondern nur von und „bei" einer zu erwartenden, erlösenden „Neugeburt" (*save*), für die gelitten und geschuftet wurde, für eine endlich mit allen Sinnen aufblühende Königin, die einen neuen Staat verspricht?

In unserem täglichen Leben erscheint diese kritische *Erd*-Königin, die geliebte und fruchtbare „Bienenkönigin", vielleicht, wenn wir von wahrer, innerer Hingabe an das

Gemeinwohl erfüllt sind, vielleicht aber auch erst, wenn wir von unseren Verpflichtungen müde (*tired*) geworden sind und uns zur Erfüllung unserer persönlichen Wünsche und Werte in unser persönliches Gemach (*alone*) zurückziehen können (*restful*), nachdem alle Aufgaben (*all these* 2x) erledigt sind, die der graue Alltag und das mühsame Miteinander vom Einzelnen, seinem Stand entsprechend, vom Bettler (*beggar*) bis zum König (*captain*) fordern.

Vier symmetrisch positionierte Adverbien (*unhappily, shamefully, rudely, wrongfully*) ergänzen in dem durch seine Struktur sich abhebenden Sonett eine große Zahl Verben in der Partizipialform. Gerade das „Wie" der „Realisierungen", die verwirklichten Tätigkeiten wie ebenso die unmittelbare Erfüllung der Gegenwart, interessieren die realistische *Königin der Münzen* als höchste Repräsentantin und Meisterin des *Erd*-Elements im besonderen Maße.

Verschiedene positive Werte werden „aufgelistet": *faith, honour, virtue, strength, perfection, skill, truth, art, good* und *authority,* doch dürften diese bei einer *Erd-Königin* in *gilded honour* und *right perfection* gipfeln. Dabei könnten der sentimentalen Königin auch selbst bestimmte Malaisen (*misplaced, disgraced, ill*) im Wege stehen und die gebotene „Verwirklichung" der Ideale vermiesen.

Bildlich und strukturell kann schließlich „*tired with all these"* als ein Rahmen verstanden werden, der eine Reihe zentraler Anforderungen wie Missstände einschließt und im *from these* aus diesem hinaus einen loyalen Weg hin zu Ehrbarkeit und sinnlicher Erfüllung präsentiert.

Schlüsselwörter

and (10x)	und
these (3x)	diese
tired (2x)	müde
honour	Ehre
gilded	vergoldet
right	richtig
perfection	Vollendung
virtue	Tugend
strength	Stärke
truth	Wahrheit
skill	Fähigkeit, Können
good	gut
authority	Obrigkeit, Kompetenz
save	ausgenommen, unbeschadet

Merksatz

Tired with all these I cry for
virtue and perfection,
strength, right authority,
gilded honour and the captain.
Good save... (the Queen)!

Reife Früchte der Zeit

77. Sonett (*Erblühen und Geistesbildung*)

Thy glass will show thee how thy beauties wear,
Thy dial how thy precious minutes waste;
The vacant leaves thy mind's imprint will bear,
And of this book this learning mayst thou taste.
The wrinkles which thy glass will truly show,
Of mouthed graves will give thee memory;
Thou by thy dial's shady stealth mayst know
Time's thievish progress to eternity.
Look, what thy memory cannot contain,
Commit to these waste blanks, and thou shalt find
Those children nursed, delivered from thy brain,
To take a new acquaintance of thy mind.
   These offices, so oft as thou wilt look
     Shall profit thee, and much enrich thy book.

Tarot

9 Münzen

77. Sonett

Dein Spiegel zeigt dir deiner Schönheit Flucht;
Die Uhr, wie schnell die edlen Stunden schwinden:
Das weiße Blatt hegt deines Geistes Frucht,
Und diese Wissenschaft kann dir dies Buch verkünden.
Die Runzeln, die dein Spiegel wahrhaft zeigt,
Sie werden dich an offne Gräber mahnen:
Und wie des Weisers Schatten vorwärts schleicht,
Läßt er der Zeiten Drang zur Ewigkeit dich ahnen.
Was dein Gedächtnis nun nicht bergen kann,
Wirf es in diese Tafeln, und du findest
Wie du die Kinder, die dein Hirn ersann,
Durch Seelenwiedersehn dir neu verbindest.
   Gebrauch' es so! Mit jedem Blick steigert
    Sich dein Gewinn, und wird dein Buch bereichert.

Moral und Motto
Das Leben schenkt nach fleißiger Arbeit eine reiche Ernte und der gereifte Geist gelangt zur verdienten Blüte. Bei der Entwicklung innerer Reichtümer sollte aber der Blick auf den Zeitgeist nicht verloren gehen, obwohl die Früchte wahrer Bildung und Schönheit jenseits der Zeitlichkeit in der Ewigkeit liegen mögen.

Schlüsselbegriffe
Erblühen, Fruchtbarkeit, Blüte, Reifung, Wachstum, Ernte, Reichtum, Gewinn, Fülle, Adel, Geistesbildung, Luxus.

Bedeutung

Der Sprecher wird zunächst durch die Schönheiten (*beauties*) bewegt, insbesondere solche, die sich auch im Spiegel (*glass* 2x) zu betrachten (*show* 2x) wagen und damit ihrer selbst auch in der Öffentlichkeit bewusst werden.

Die gesellschaftliche *Aristokratie*, der ein nach außen gezeigter Wohlstand und Reichtum sowie ein umfangreiches Weltwissen selbstverständlich sind, präsentiert im besten Fall zugleich eine stattliche, innere Bildung, nämlich die des Geistes (*mind* 2x), die im Umgang mit Büchern (*book* 2x) „erlernt" (*learning*) sowie nicht zuletzt im steten Kampf mit der Zeit, die durchaus nicht zu verschwenden (*waste* 2x) ist, durch viele Mühen (*offices*) erworben werden kann.

Wie Erfolg sich in Reichtum und Wohlstand äußert, die im Wettrennen mit der Zeit (*dial* 2x) errungen wurden, sind die inneren Einsichten zum großen Teil die Früchte von Erfahrungen und vielerlei Mühen. Erkenntnisse und höhere Bildung werden schließlich nicht einfach geschenkt; sie sind die Folge vieler Verpflichtungen und Dienste (*offices*) und müssen dem gleichsam diebischen Lauf der Zeit, hinter der sich die Hoffnung auf Unsterblichkeit und Ewigkeit auftun möchte, geradezu abgerungen werden:

Time's thievish progress to eternity.

Obgleich sich also Profit (*profit*) und Reichtum (*enrich*) als Gewinn eines langwierigen Prozesses einstellen mögen, sind noch wertvoller angesichts der Ewigkeit die inneren Schätze der Lernprozesse (*learning*) sowie die in gelehrten Büchern (*book*) niedergelegten Erinnerungen (*memory*), die der geistigen Bildung dienen.

Die Bewegung der Zeit hin zur „Zukunft" (*will* 4x) und Ewigkeit entspricht der Transformation eines gelebten oder auch leeren „Lebens" in bildenden und fruchtbaren „Geist":

The vacant leaves thy mind's imprint will bear,

Bezeichnend erscheint „*leaves*" als Metapher für die sich verjüngenden (grünen) Ausschnitte des natürlichen Lebens einer umfangreicheren, organischen Einheit eines „Stammbaumes". Auch die Schönheiten (*beauties*) wie der an sich unbeschriebene Zeitgeist (*vacant, waste*) sollten den Stempel (*imprint*) der Geistesbildung (*mind*) tragen (*wear, bear*), wie sie umgekehrt den bildenden Geist mit lebendiger Anschauung nähren.

Der Spiegel (*glass*) mag den Blick nach innen öffnen und damit der erste Schritt zu weiterem Verständnis sein. Dabei ist die Zeit, die minutiös und diebisch davonzurennen pflegt, für den bildenden Lernprozess, insofern auch der Mensch sie gewissermaßen als Wertanleihe von der Ewigkeit stehlen (*thievish*) muss, äußerst kostbar (*precious*). Die genutzte „Zeit", deren Erinnerung geraten ist, wenn der innerlich oder äußerlich bewegte und bewegende Mensch sein hochgestecktes Ziel erreichen will, müsste sogar in Minuten (*minutes*) gezählt werden, wie eben besonders auch die reichsten und fruchtbarsten Momente des Lebens.

Die Lektionen einer nach langem „Reifungsprozess" (*learning*) erlangten Blüte des Geistes mögen am Ende in einem Buch zu lesen sein, verweisen aber auch schon auf das vorhersehbare, stumme irdische Ende (*mouthed graves*), damit zugleich auf die Notwendigkeit, rechtzeitig aus den dunklen, doch zugleich lichten und nährenden Gräbern der einst sorgfältig konservierten Erkenntnisse herauszusteigen, um sich erneut dem jungen Leben zu öffnen.[89] Dabei sind Erkenntnisse und Erinnerungen gewissermaßen verdichtete Zeit, die diese nun geradezu schneller laufen lassen.

---

[89] Eine Sicht auf zwei komplementäre Seiten ist typisch für eine symbolische Perspektive und die Sonette überhaupt.

Fortschritt der Zeit und Reifung sind letztlich vielleicht nichts anderes als der Drang des Lebens, sich in eine einzige Richtung hin zum Tod oder zur Ewigkeit (*eternity*) zu bewegen, wo die Zeit nach ihrem Erblühen endet. Da die Erinnerung (*memory*) auf dem Weg nicht alle wertvollen Erfahrungen und Momente zu erhalten vermag, könnten und sogar müssten diese in „Büchern" aufbewahrt werden.

Die synchrone Sicht auf zeitliche und geistige Reifung konstituiert einen wesentlichen Aspekt: Die Gedanken sind die umsorgten Kinder (*children nursed*), die der Sprecher aus seinem gereiften Geist (*mind*) entlässt, um eine Bekanntschaft (*aquaintance*) mit den ihn zur Verjüngung antreibenden Geliebten und sich selbst zu ermöglichen. Der Geist erfrischt sich durch die Bekanntschaft mit dem Neuen (*new*, *learning*) wie umgekehrt das Neue durch den reifen Geist „herangezogen" und auch zur Reife geführt wird.

Dem wirtschaftlichen Profit (*profit*) und der Arbeit auf der zeitlich-geschäftlichen Ebene (*offices*) entspricht auf der geistigen eine innere Bereicherung (*enrich*), ein Gewinn an „verdichteter" Zeit: die Ewigkeit (*eternity*). Die Aufgabe des gereiften Geistes ist es, sich dem jungen Leben zuzuwenden, um so den davoneilenden „Zeitgeist" (*dial*) zu bereichern wie umgekehrt von diesem bereichert zu werden.

Luetgebrune führt „Gehetztsein" als einen Aspekt der Tarotkarte an.[90] Ein solcher Zustand aufgrund des hier

---

[90] Luetgebrune führt neben „Gehetztheit" (*dial's stealth*) u. a. auch „Arbeitstrieb" (*offices*), „Haben-Wollen" (*profit*) und „Todestrieb" (*eternity*) als Bedeutungen an (vgl. S. 110). Es bleibt allerdings

naheliegenden Profitstrebens (*profit*) mag sich dann wohl einstellen, wenn ein lebensferner Ehrgeiz in Bezug auf das Erreichen eines bestimmten Ziels die kostbaren Momente der Ewigkeit vergessen lässt, was aber ein schlechter Handel mit Zeit und Ewigkeit wäre. Hingegen kann und sollte jede vom Stahl der Zeit (*dial's shady stealth*) genötigte Tätigkeit letztlich vom Licht der „Ewigkeit" bereichert werden.

Dass jedem Reichtum schattenhaft Verschwendung, Verwüstung (*waste*) und Diebstahl (*thievish*) anhängen, mag als naheliegende Warnung verstanden werden.

Die geforderte Perspektive sollte also grundsätzlich nach zwei Seiten ausgerichtet sein: Der Spiegel (*glass* 2x), der zum einen auf den Lauf der Zeit, zum anderen auf eine sichtbare Fruchtbarkeit verweisen möchte, wie ebenso der nach innen und außen gerichtete Geist (*mind* 2x) und das Präsentieren (*show* 2x) des Reichtums im Positiven wie Negativen, sodann die „Anschauung" (*look* 2x) selbst und das bewahrende Buch (*book* 2x) erscheinen in doppelter Ausführung, um sowohl fruchtbare Erinnerungen für die Ewigkeit festzuhalten als auch den jungen Geist zu belehren.

---

stets die Frage der Wertung, Identifikation wie der positiven oder negativen Realisierung eines Potenzials offen. Das „Streben" oder die „Triebe", hier der Überbegriff, können zur bloßen Anhäufung äußerlichen Reichtums missbraucht oder zum intensiven Wunsch nach innerer Bildung im Blick auf die Ewigkeit, die hinter den Gräbern (*graves*) hervorschauen möchte, genutzt werden. Wie die anderen kosmischen Symbole lädt auch dieses zu einer doppelten Perspektive und schließlich positiven Realisierung ein.

Schlüsselwörter

mind/brain (3x)	Geist, Gehirn
book (2x)	Buch
dial (2x)	Wählscheibe, Uhr
glass (2x)	Spiegel, Glas
memory (2x)	Erinnerung
waste (2x)	verschwenden, öde (Adj.)
look (2x)	anschauen
show (2x)	zeigen
progress	Fortschritt
profit	Gewinn
enrich	bereichern
beauties	Schönheiten
offices	Aufgaben, Studium
learning	lernend

Merksatz

In the progress to eternity profit and beauties show themselves as memories of offices and learning which are delivered from thy mind to enrich thy book of life.

Zuhause angekommen
78. Sonett *(Vollendung und Verbundenheit)*

So oft have I invoked thee for my Muse,
And found such fair assistance in my verse,
As every alien pen hath got my use,
And under thee their poesy disperse.
Thine eyes, that taught the dumb on high to sing
And heavy ignorance aloft to fly,
Have added feathers to the learned's wing,
And given grace a double majesty.
Yet be most proud of that which I compile,
Whose influence is thine, and born of thee:
In others' works thou dost but mend the style,
And arts with thy sweet graces graced be;
   But thou art all my art, and dost advance
   As high as learning my rude ignorance.

Tarot

10 Münzen

78. Sonett

So oft rief ich als meine Muse dich,
So mild behülflich war sie mir zum Singen,
Daß jeder Fremdlingsmund nun tut wie ich
In deinem Namen alle Reime klingen.
Dein Auge, das den Stummen Jubellieder,
Beschränkter Trägheit Himmelsflug gelehrt,
Gab Dichterflügeln neues Schwunggefieder,
Der Anmut Majestät und Siegeswert.
Doch sei am stolzesten auf meine Blätter!
Die sind dein Einfluß, sind von dir gesät:
An andern machst du nur die Weisen glätter,
Vollendest Künste, die dein Reiz erhöht:
   Doch meine ganze Kunst bist du; sie beut
   Mir Rohen Schätze der Gelehrsamkeit.

Moral und Motto
Endlich wie Odysseus nach langer und abenteuerlicher Reise zuhause angekommen! Und fühlt sich das nicht behaglich und entspannt an! Der Erfolgreiche und Zufriedene erkennt, dass alles zusammenwirkt und aufeinander angewiesen ist.

Schlüsselbegriffe
Zusammenarbeit, Synergie, Anerkennung, Unterstützung, Geborgenheit, Zufriedenheit, Sicherheit, Bilanz, Heimkehr, Zusammenfassung, Abschluss, Erfolg, Epilog, Anteilnahme, Zusammenkunft, Zivilisierung, Verbundenheit, Vollendung, Dankbarkeit.

Bedeutung

Dieses Sonett ist das letzte in der Sequenz derjenigen Sonette, die sich an die Symbolik der Tarotkarten anlehnen; es beendet und rundet somit diesen Teilzyklus. Gleichzeitig beschließt es die Sequenz der sich auf die *Münz*-Karten beziehenden Sonette, die dem kosmischen Element *Erde* zuzuordnen sind.

Der Leser könnte an dieser Stelle also gleichsam ein solides Schlusswort erwarten, obgleich in einem Zyklus der Wandlungen und ewigen Wiederkehr eine spezifische Stufe nicht vollendeter und gültiger sein kann als irgendeine andere. Tatsächlich lassen sich aber gewissermaßen eine

Zusammenfassung und ein Epilog erkennen. Und natürlich, zu erwarten war dies schon: Der Geliebte war es letztlich, der den Dichter als Muse inspirierte und unterstützte:

> *So oft have I invoked thee for my Muse,*
> *And found such fair assistance in my verse,*

Dieser „Geliebte" ist nun aber – nichts anderes sollten wir mit der Kenntnis der vorausgehenden Bilder vermuten – die allumfassende Liebe selbst, die der Dichter in seinen Versen besingt, die ihn aus seiner Unwissenheit hin zur Vollendung vorangetrieben hat; sie ist es auch, die über und jenseits (*aloft*) aller Gelehrsamkeit steht. Doch wir dürfen zugleich noch eine weitere Muse vermuten: die Tarotkarten als praktisch unerschöpfliche Quelle der Inspiration.

Unterdessen mögen alle „fremden" (*alien*) Mitstreiter dem Dichter auf dem mühsamen Wege der Artistik nach- oder kräftig mitgeeifert haben, doch kann er selbst höchst stolz (*most proud*) behaupten, sich an sein Original gehalten zu haben·

> *Yet be most proud of that which I compile,*
> *Whose influence is thine, and born of thee:*

> *But thou art all my art, and dost advance*

Die Tarotkarte deutet auf einen harmonischen Ausgang und glückliche Vollendung, auf eine gemeinsame von Jung und Alt getragene innere und äußere Erfüllung auf sicherem Boden, die mit wechselseitiger Gunstbezeugung und gefälligem Sozialverhalten einhergehen dürfte (*grace/s/ed* 3x). Auch der Sprecher scheint endlich angekommen zu sein, insbesondere zu sich selbst als Dichter, hat seine Heimat gefunden und kann diese nach langer Reise und weitläufigen Lebenserfahrungen dankbar umarmen. Er hat einen befriedigenden und stabilen Stand und das gesetzte Ziel erreicht. Entsprechend seiner „Berufung" ist seine Heimat allerdings insbesondere das Reich der Poesie (*poesey*, *verse*, *pen*, *style*, *art*), im Weiteren deren Nutzen und Nutzbarmachung (*use*) auch für andere (*others'*).

Ein Blick auf die Tarotkarte zeigt dies vor einem bildlichen Hintergrund: Greis, Mann, Frau, Kind sowie Hund, die hier einfließende (*influence*) unterschiedliche Entwicklungsstufen aufzeigen, können einander besonders in der Poesie wohlgesonnen und in Eintracht begegnen.

Die *10 Münzen* weisen auf das erfolgreiche Ende eines strukturierten Unternehmens, als welches wir nun auch das abgeschlossene Dichtungsprojekt betrachten dürfen. Der Dichter, der seinen Erfolg nicht allein feiern möchte, bedankt sich für den beruflichen Beistand (*assistance*) seiner „alten" Muse und registriert, dass auch alle „fremden" (*alien*) Schreiber „synergetisch" unter dem gleichen Stern seiner Feder nacheiferten, um ihre Dichtung zu verbreiten:

> *As every alien pen hath got my use*
> *And under thee their poesy disperse.*

Das ist nicht unbedingt verwunderlich. Die unseren Dichter inspirierende Muse mag „fremde" „Federn" in gleicher Weise angetrieben haben; der Sprecher stellt deren Wert also gar nicht in Frage, gleichwohl auch nur ein Machwerk schönen Stils absolviert sein mag. Jedenfalls erkennt er sich auch mit „nicht-heimischen" „Mitläufern" in Übereinstimmung und auf demselben Weg. Er darf nämlich an dieser Stelle der Erfahrung davon ausgehen, dass alle Wesen von ein und demselben Geist bewegt werden, wenn sie einander mit Anteilnahme nach erledigter Arbeit in Geborgenheit und Eintracht beggnen. Ist man selbst im bekannten Kreis entspannt und hochgestimmt, können auch wesentliche Unterschiede (Mann, Frau, Kind, Greis, Hund) nicht mehr irritierend sein. Alles vermag nun zu einem einzigen Gesang in der Höhe anzustimmen, in dem manches Verdrängte oder Fremdes (*alien*) integriert erscheint oder auch sympathisierend und wohlwollend geradezu „überhört" werden kann. Zugleich ist Geborgenheit also nicht nur dort, wo alle das Gleiche denken und auch gleich sind, sondern vielmehr noch, wo Unterschiedliches, ja an sich Fremdes und ungleiche Entwicklungsstufen Gehör finden und unter einem einzigen großen „Gewölbe" Sicherheit, Resonanz und Zusammengehörigkeit empfinden können.

Endlich kann der Dichter auch Liebreiz und Anmut (*grace/s/ed* 3x) würdigen, sich als hoch über Dumpfheit (*dumb*) und Unwissenheit (*ignorance* 2x) hinaus Singenden (*high to sing*) und Fliegenden (*fly*) empfinden, schließlich eine doppelte Majestät (*double majesty*) von Gunst und

Wissen preisen. Er darf mit Recht höchst stolz (*most proud*) auf das sein, was er mit und nach schwerer Arbeit (*works, heavy*) zu einem Gesamtwerk auf dieser symbolischen Stufe hier zusammenträgt (*compile*), insbesondere, weil er die Liebe und ein höheres Wissen zu seiner Muse wählte und entsprechend nutzen (*use*) konnte, während andere sich womöglich eher mit der Politur der Oberfläche aufhielten:

In others' works thou dost but mend the style,

Die Liebe hat also den vordem noch ungeschulten Geist (*ignorance*) inspiriert und zu höherer Gelehrsamkeit geführt. Der Dichter hat sein hochgesetztes Ziel (*high to sing*) erreicht und ist nun dabei, den Teilzyklus der ersten 78 Sonette, der sich an der Symbolik der Tarotkarten als Muse orientiert, gerade mit diesem Sonett zu vollenden.

Für den Dichter, der sich als solcher nach Erfüllung seines Auftrages hinter der Rolle des Sprechers zu erkennen gibt, ist jetzt der Rahmen gegeben, sich einen Rückblick auf das Geleistete zu gewähren, wie es die gehäuften Zeitformen der Vergangenheit belegen. Während im vorausgehenden Sonett das Futur überwog und sich dort kurz vor der bevorstehenden Vollendung der Blick noch gleichsam fasziniert auf Zeit und Zukunft richtete, kommt mit dem 78. Sonett das Werk zur Vollendung. Zufriedenheit, Glück, ein unterstützendes Umfeld und ein angemessener materieller Wohlstand sollten nach vielen Arbeiten (*works*) zu erwarten sein. Lohn und Erfolg könnten nun zudem geteilt werden.

Der erste Teil des großen Gesamtwerkes der Sonette, der sich den Ausdrucksformen der Liebe widmete, wie sie der „Fortgang" durch die Tarotkarten präsentiert, ist endlich abgeschlossen. Die Liebe, der Geliebte, die Muse wie ebenso das professionelle Handwerkszeug sollten dementsprechend spätestens mit dem Fallen dieses Teilstückes des Vorhangs, wo nach allen Erfahrungen unterschiedlicher Art nichts mehr „fremd" (*alien*) erscheinen sollte, als innerhalb einer einzigen „Familie" „eingemeindet" verstanden werden:

> *But thou art all my art, and dost advance*
> *As high as learning my rude ignorance.*

Die Zahl **10** enthält gleichwohl im Kern schon den „Anfang" des Neuen, insofern sie auf die initiierende männliche Grundzahl **1** zurückgeführt werden kann. Die Hinwendung zu einer angesichts der gefundenen „Heimat" bereits anderen „fremden" Muse, damit zu einem neuen Unternehmen, wird den Dichter von jetzt an in der Planung begleiten und zukünftig leiten. Die Tarotkarten als musisches Modell werden jedenfalls im folgenden Sonett buchstäblich ausgespielt haben, nachdem der Lehr- und Lernweg der verschiedenen Bewusstseinsstufen erfolgreich durchlaufen und hier endlich abgearbeitet erscheint. Im 79. Sonett wird es also dementsprechend heißen:

> *But now my gracious numbers are decayed*
> *And my sick Muse does give another place.*

Damit ist es für uns auf etwa der „Mitte des Weges" im Rahmen des Gesamtwerkes der Moment gekommen, eine vorläufige Schlussbetrachtung einzuschieben: Ist denn nicht alles, was Shakespeare bis hierher gedichtet hat, begnadete (*grace/s/ed*) und hohe Kunst (*high* 2x, *art* 3x), insofern der Autor es verstand, die komplexe Sequenz der 78 in den Tarotkarten abgebildeten Lern- und Entwicklungsstufen singend, spielerisch und mit dichterischer Grazie gleichsam zu überfliegen, um ihnen dabei mit der Leichtigkeit eines schwerelosen Geistes und der Bescheidenheit eines von menschlicher Unwissenheit (*ignorance*) Wissenden (*taught*) im Irdischen (*heavy*) und hoch oben in der Höhe (*aloft*) ein sowohl persönliches wie universales, für die Nachwelt jedenfalls nützliches, unvergängliches dichterisches Abbild menschlicher und kosmischer Ordnung zu schenken?

Dabei geht es im letzten Sonett der Sequenz der *Erd*-Sonette um durchaus objektiv Gestaltetes, die real wirkende (*pen*) und „Materialität" sowohl durchdringende als auch erhebende Dichtung (*poesy*).

Dem Dichter und Autor mag es am Ende auch daran gelegen sein, den gemeinsamen, großen, inneren Reichtum auszubreiten (*disperse*) und mit anderen (*others'*) zu teilen.

Der Begriff „*compile*" bringt inhaltlich und strukturell die dichterische Arbeit des Autors auf den Punkt, denn der erste Teilzyklus der Sonette (1.–78. Sonett) offenbart sich hier als endlich abgeschlossene Sammlung unterschiedlicher Lernstufen, die ein geordnetes Kaleidoskop an kosmischen Ideen und archetypischen Symbolen präsentiert.

Schlüsselwörter

grace/s/ed (3x)	Anmut, schmücken
art/s (3x)	Kunst, (du bist)
high (2x)	hoch
learned's/ing (2x)	gelernt, lernend
ignorance (2x)	Unwissenheit
assistance	Unterstützung, Hilfe
influence	Einfluss
taught	gelehrt
compile	zusammenfassen, auflisten
disperse	verbreiten, verteilen
advance	voranschreiten
proud	stolz

Merksatz

*Thou art all my art
which taught me on high to sing and aloft to fly,
under thine influence and with thine assistance
I am graced to advance,
most proud of that which
I learned and compiled.*

Nachwort

Sie haben mit dem kleinen Ausschnitt aus dem großen und großartigen Zyklus der 154 Sonette von Shakespeare einen Eindruck bekommen, wie tiefgründig, kunstvoll und praktisch das hier vom Autor verdichtete Gedankensystem angelegt ist. Die vorgestellten grundlegenden Konzepte und Ideen sollten dabei eine nützliche Hilfe gewesen sein, um sich nicht in den zahllosen, oberflächlichen und oft irrigen Interpretationen im Umfeld der Sonette zu verlieren. Darüber hinaus sollte die Deutung auf der Basis der analogen, symbolischen Bilder dazu beitragen, sich selbst gegründete weitere Gedanken zu den präsentierten Inhalten und Kernaussagen machen zu können. Sie dürfen Vertrauen darin haben, bereits auf der richtigen Spur zu sein, wobei keine Auslegung Ihrem gesunden Menschenverstand widersprechen sollte. Sie haben zudem allgemeine Begriffe und Anschauungsmaterial erhalten, um nicht zu leicht literaturwissenschaftlichem Fachjargon auf den Leim zu gehen, um endlich auch zu erkennen, dass es sich bei Shakespeares Sonetten nicht lediglich um eine schöne, wenn auch abgehobene Sonntagsdichtung oder eine persönliche Liebesschwärmerei handelt, sondern um eine systematisch konzipierte Perspektive auf die Existenz, die hier allein aus dem Blickwinkel der Liebe sinnvoll bestimmt erscheint. Der den Sonetten zugrunde liegende geistige Kosmos, wie er uns in den Tarotkarten überliefert erscheint, wurde – wie wir nun sicher wissen – von einem im Wesentlichen gebildeten und mit esoterischen Thematiken vertrauten literarischen Genius in dichterische Worte gefasst, die ebenso zeitlos sind wie dieser Kosmos selbst.

In Shakespeares Sonetten wird die Liebe metaphysisch und zugleich als weltliche Handlungsanleitung begriffen, insofern der menschlichen Lebenswelt in einer geistigen Ordnung hinterlegte Ideen zugrunde liegen, was für den Dichter offenbar entscheidender ist als das, was unsere sogenannte Wirklichkeit mit Geschichte, Persönlichkeit oder Aktualität beizutragen hätte. Die Liebe wird auch nicht als ein mehr oder weniger außerordentliches Ereignis oder subjektive Befindlichkeit aufgefasst, sondern als Beziehung zu einer die Existenz strukturierenden, geistigen Diaphanie, die sich in unterschiedlichen Aspekten eines universalen Lebens offenbart, sofern wir dieses in jenen archetypischen Bewusstseinsstufen erkennen, wie sie in den Tarotkarten symbolisch aufgezeigt werden.

Geben Sie nicht vordergründig zu bedenken, dass vieles in der beabsichtigten Kürze nicht auch noch an- oder näher ausgeführt werden konnte und weitere interessante Aspekte zu den einzelnen Sonette gar nicht zur Sprache gekommen sind, sogar Bedeutsames übergangen wurde und weit mehr gesagt werden könnte und vielleicht sogar müsste. Nehmen Sie die unvermeidlichen Lücken zum Anlass, um Fehlendes selbst noch zu ergänzen. Denn jedes Sonett ist als ein symbolisches Gebilde zwar ideal über einen „Stammbaum" definiert, jedoch im Hinblick auf seine in der Ewigkeit sich verjüngenden Blätter in der Interpretation für weitere Dimensionen des Verstehens offen und darüber hinaus ohnehin zeitlos sowie in Höhe und Tiefe unendlich.

Sie könnten zu jedem Sonett eine Geschichte oder ein Szenenbild entwerfen, einen Essay oder eine philosophische Abhandlung schreiben. Allein die symbolischen Eckdaten sind Ihnen dabei als Rahmen vorgegeben. Ein einzelnes Sonett würde auf Grundlage einer literarischen Betrachtung, wie sie hier im Ansatz vorgestellt wurde, bei detaillierterer Analyse, der Einbeziehung von weiteren Querverweisen, ergänzenden Perspektiven, zahllosen Konnotationen und anliegenden dichtungsspezifischen Aspekten am Ende noch gut 20–30 Seiten mehr unserer Aufmerksamkeit verdienen.

Lassen Sie mich nochmals daran erinnern, dass die Sonette nur als abstrakte poetische Bilder und komplexe literarische Symbole vollends verstanden werden können. Sinn und Inhalt entwickeln sich hier dialektisch über Gegensatzpaare, Schlüsselbegriffe und sprachliche Gesten zu einem universalen Gemälde, das seinerseits nur ein Teilstück des Gesamtbildes der Existenz im holistischen Weltverständnis der Renaissance aufzeigt. Der Sonettzyklus ist also von seiner Intention her ein Monumentalporträt der Welt und Schöpfung nicht nur im Licht eines individuellen, sondern ebenso eines universellen, humanistischen Geistes.

Im Symbol steht jedes Teilstück als ein notwendiger Mosaikstein für das Gesamte ein. Dies gilt für das einzelne Sonett wie besonders für den Zyklus als symbolische Einheit, in dem jedes Sonett an seinem vorbestimmten Platz steht. Das Einzelne und Spezifische hat seine Begrenzung im Allgemeinen und Größeren. Der gesamte Kosmos, und damit besonders die grenzenlose Liebe, fordert geradezu bedingte und bedingende Formen und realisiert sich in verschiedenen Aspekten und archetypischen Bildern, ohne deren Ausdrucksformen sie sich selbst in ihrer Totalität gar nicht manifestieren könnte noch begreifbar wäre.

Es sollte darüber hinaus am Ende deutlich geworden sein, dass Liebender und Geliebter eine symbolische Einheit aufzeigen und als innere Aspekte eines einzigen Bildes identisch sind. Sie sind vollkommene Kunstprodukte und keine Abbilder vergänglicher Personen, ungeachtet dessen, dass auch lebenden Personen jene geistige Dimension zugesprochen werden könnte, die in den Sonetten allerdings das Dasein, Leben und Denken ausschließlich bestimmt.

Es handelt sich bei den Sonetten also kurzum nicht um Liebesgedichte im Sinne des üblichen Sprachgebrauchs und entsprechender profaner Interpretationen. Mit der endlich erlangten Einsicht in die Tiefenstruktur dieser universalen Symbole sollte die überflüssige Diskussion um die Identität des Geliebten von Shakespeare dann auch ein einfaches, schönes und zugleich zeitloses Happy End erhalten haben.

So mag schließlich auch verstanden sein, dass Sie selbst, auch als „externer" Leser, sowohl der Liebende als auch der Geliebte sind, zugleich womöglich noch eine dritte Person, die im 42. Sonett einen recht kleinen Auftritt erhalten hat.

Obwohl die Bedingungen und Moden der Epochen im Wandel begriffen sind, gehören auch Sie einem zeitlosen

Logos an, der sich in seinen archetypischen Manifestationen sicher auch noch in unserer Zeit gespiegelt sehen möchte.

Haben Sie einmal die mikroskopischen Ausschnitte und speziellen Regieanweisungen aus dieser 3-D-Filmsequenz, deren Momentaufnahmen nun in der Entfernung und Erinnerung kleiner werden dürften, mit der für ein perspektivisches Sehen angelegten 3-D-Brille betrachten, durchschauen und bewundern dürfen, bleibt Ihnen in der Folge noch übrig, sich in das Abenteuer der ewig sich neu andrängenden, „aktuellen" Wirklichkeit zu stürzen, hinter der Sie hinter dem Vorhang des Schauspiels die nicht weniger „realen" Projektionen von Shakespeares Kosmos wiedererkennen könnten. Dabei stehen Ihnen die zeitlosen „Himmelschaubilder" der Sonette wie auch der Tarotkarten als eine praktisch unerschöpfliche Inspirationsquelle zur Seite, um sich sowohl Ihren eigenen als auch unseren gemeinsam belebten und bewohnten „Weltraum" mit einem funktionierenden „Himmelsschlüssel" zu öffnen.

Nachdem Sie, geschätzte Leserinnen und Leser, mit viel Staunen und etwas zusätzlichem Wissen angeleitet, am Ende erfolgreich den keineswegs einfach zu habenden Einstieg in Shakespeares Sonette geleistet haben, damit zugleich in den geistesgeschichtlichen Horizont dieses tiefgründigen und unsterblichen Dichters, möchte ich Ihnen meinerseits in Aussicht stellen, dass auch das vollständige Kompendium der Interpretationen zu den ersten 78 Sonetten so bald wie möglich zu Ihrer Verfügung stehen wird, das Sie, wie ich vermuten darf, schon jetzt mit Spannung erwarten.

Literatur

Zu Shakespeare
Vendler, Helen: *The Art of Shakespeare's Sonnets.* Cambridge, Harvard University Press, 1999.

Zum Tarot
Banzaf, Hajo: *Das Tarothandbuch.* Heinrich Hugendubel Verlag, München, 1986.
Banzaf, Hajo: *Schlüsselworte zum Tarot.* Goldmann Verlag, München, 1990.
Fiebig, Johannes und Bürger, Evelin: *Tarot Basics Waite – Tarot-Deutung – leicht gemacht.* Königsfurt, 2008.
Douglas, Alfred: *Ursprung und Praxis des Tarots.* München, 1993.
Luetgebrune, Barbara: *Heilung durch Erkenntnis – Das kosmische Tarot.* Haldenwang, 1986.

Zur Astrologie
Tester, Jim: *A History of Western Astrology.* New York, 1987.
Ring, Thomas: *Astrologische Menschenkunde.* Bd. 1–4. Hermann Bauer Verlag, Freiburg im Breisgau, 1981.

Zur Numerologie
Endres, Franz Carl/Schimmel, Annemarie: *Das Mysterium der Zahl.* Diederichs Gelbe Reihe, Eugen Diederichs Verlag, München, 1984.
Javane, Faith und Bunker, Dusty: *Numerology and the Divine Triangle.* Para Research, Gloucester, Massachusetts, 1984.
Javane, Faith und Bunker, Dusty: *Zahlenmystik – Das Handbuch zur Numerologie.* München, 1995 (Übers. des Originals oben).

Von Matthias Höltje erschien auch:

ISBN 978-3-939832-04-1

Matthias Höltje

ZEITENTEMPEL

176 Gedichte zum Spiel von
Zeit und Ewigkeit aus dem Kontinuum
der Postmoderne
+ BEIGABE:
56 Textkommentare aus des Dichters
postreflektierendem Vermächtnis

14,8 cm breit x 21 cm hoch
200 Seiten

KUUUK VERLAG